dtv

Menschen sind von klein auf gezwungen, sich einen Reim auf die sie umgebende Wirklichkeit zu machen. Daraus entstehen ein Selbstbild, ein Weltbild und Vorstellungen darüber, wie man in dieser Welt am besten zurechtkommt. Mit etwas Glück haben wir eine stimmige Selbst- und Weltsicht entwickeln können oder haben Nischen zum psychischen Überleben gefunden. Sind aber unsere Konzepte von Ich und Welt verzerrt, geraten wir in innere und äußere Konflikte und leiden darunter. Bei dem daraus entstehenden Bedürfnis eines Menschen, seine Situation zum Besseren zu verändern, setzt die Verhaltenstherapie an, die als eine der pragmatischsten und effektivsten Therapieformen gilt. Praktische, individuell abgestimmte Übungen eröffnen neue, positive Erfahrungsmöglichkeiten, die wiederum qualitative Verhaltensänderungen bewirken. Was Verhaltenstherapie ist und wie sie funktioniert, zeigt dieser anschauliche und kompetente Ratgeber, der auch als Begleitbuch zu einer Therapie gelesen werden kann.

Dr. Klaus Schuster, geboren 1961, ist Verhaltenstherapeut in eigener Praxis in Höchberg bei Würzburg, daneben langjährige Tätigkeit als leitender Psychologe in der Psychosomatischen Abteilung einer Reha-Klinik und in der Therapeutenausbildung.

Klaus Schuster

Abenteuer Verhaltenstherapie

Neue Erlebnisse mit sich und der Welt

Deutscher Taschenbuch Verlag

Meinem Sohn Manuel

Originalausgabe
September 1999
2. Auflage März 2000
© Deutscher Taschenbuch Verlag GmbH & Co. KG,
München
www.dtv.de
Umschlagkonzept: Balk & Brumshagen
Umschlagfoto: © Ron Lee Brown/Tony Stone
Satz: Fotosatz Reinhard Amann, Aichstetten
Gesetzt aus der Stempel Garamond 10/11,75ʼ (QuarkXPress)
Druck und Bindung: C. H. Beck'sche Buchdruckerei,
Nördlingen
Gedruckt auf säurefreiem, chlorfrei gebleichtem Papier
Printed in Germany · ISBN 3-423-35155-3

Inhalt

Vorwort von Albert Ellis

Ich bin hocherfreut über das Buch »Abenteuer Verhaltenstherapie« von Dr. Klaus Schuster. Es ist eines der wenigen Bücher über Verhaltenstherapie, das sich eng an die Prinzipien und die Praxis der rational-emotiven Verhaltenstherapie anlehnt.

Ich habe die rational-emotive Verhaltenstherapie 1955 begründet. In der Folgezeit hat sie die kognitiv orientierte Verhaltenstherapie, wie sie heute weltweit bekannt ist, nachhaltig geprägt. Dr. Schusters Buch zeigt, wie sich die rational-emotive Verhaltenstherapie mit der herkömmlichen Verhaltenstherapie verbinden läßt, gewinnbringend für all jene, die sich entweder bereits in Therapie befinden oder die bei weniger gravierenden psychischen Problemen darin Hilfe zur Selbsthilfe finden.

Ich habe Dr. Schuster vor drei Jahren bei einem meiner Seminare in Würzburg kennengelernt. Seit dieser Zeit stehen wir in brieflichem Kontakt. Er ist ein großartiger Kenner der rational-emotiven Verhaltenstherapie. Und das gibt er in diesem Buch weiter: an alle Menschen mit emotionalen Problemen oder mit dem Wunsch, ihr eigenes Leben, ihre Beziehungen, ihr Arbeitsleben befriedigender und glücklicher zu gestalten.

Albert Ellis
Institut für Rational-Emotive
Verhaltenstherapie   New York, im März 1999

Vorwort von Serge K. D. Sulz

Ein Abenteuer, bei dem höchst spannende und nicht selten auch beängstigende neue Erfahrungen gemacht werden, ist zumindest als Lektüre ein schönes, aufregendes Unterfangen. Also gibt es keinen Grund, auf den Genuß dieser »Reiselektüre« zu verzichten. Da kann es geschehen, daß das Vorhaben »Ich muß Therapie machen« zum Reiseplan »Ich will Therapie machen« wird.

Klaus Schuster ist es gelungen, ein Buch zu schreiben, das zugleich von klarem wissenschaftlichem Denken geprägt ist und ein Führer durch ein Abenteuer, für das man sich nach dem Lesen wirklich entscheiden mag. Es ist eine ausgezeichnete Einführung für Laien, die sich entweder aus Interesse ein Bild von der Verhaltenstherapie machen wollen, die einen Angehörigen haben, der eine Psychotherapie macht oder machen sollte, bzw. die selbst in der Situation sind, eine Psychotherapie zu beginnen.

Mich hat sehr beeindruckt, daß der Autor die schwierige Aufgabe exzellent gemeistert hat, Verhaltenstherapie so darzustellen, wie sie ist: eine lebendige Interaktion zwischen zwei Menschen. Und daß ihr Thema ebenfalls der Mensch, sein Erleben und seine Beziehungen mit all seinen Problemen und Konflikten ist, die zur Symptombildung führten.

Der Weg aus dem Leiden wird zum Aufbruch zu neuen Ufern, die persönliche Weiterentwicklung und befriedigendere Beziehungsgestaltung bedeuten.

Serge K. D. Sulz
Bayerische Akademie für
Psychotherapie   München, im April 1999

Vorbemerkung

Am 1.1.1999 ist das neue Psychotherapeutengesetz in Kraft getreten. Seitdem kann der bei einer gesetzlichen Krankenkasse versicherte Patient mit seiner Plastikkarte zu jedem kassenanerkannten Psychotherapeuten gehen und dessen Dienste in Anspruch nehmen. Allerdings werden nur Psychotherapeuten als abrechnungsberechtigte Behandler anerkannt, die Verhaltenstherapie oder Psychoanalyse bzw. tiefenpsychologisch fundierte Psychotherapie anbieten. Sobald andere Therapieverfahren bestimmte Voraussetzungen erfüllen (z. B. Effektivität nachweisen können), können in Zukunft wohl auch diese als anerkannte Verfahren per Krankenschein abgerechnet werden. Momentan aber können Sie nur zwischen Verhaltenstherapie und psychoanalytischen Verfahren wählen.

Außerdem können Sie zwischen ärztlichen und psychologischen Therapeuten als Behandler wählen (in der Kinder- und Jugendpsychotherapie dürfen auch Pädagogen praktizieren). Während der ersten Sitzungen muß parallel eine ärztliche Abklärung möglicher körperlicher Beschwerden vorgenommen werden.

Sie haben also vor Beginn einer Psychotherapie viele Entscheidungen zu treffen. Bei der kassenärztlichen Vereinigung Ihres Wohnorts oder bei den Krankenkassen erhalten Sie in der Regel auf Anfrage Listen der niedergelassenen Psychotherapeuten, oder Sie suchen einfach im Telefonbuch. Falls Sie privat versichert sind, klären Sie die Kostenübernahme besser im Vorfeld ab: Es gibt hier nämlich bisweilen erhebliche Unterschiede gegenüber den gesetzlichen Krankenkassen. Aber mit welchem Therapeuten machen Sie nun den Erstgesprächstermin?

Falls Sie sonst keine Informationen haben, versuchen Sie es

zunächst vielleicht mit den psychologischen Therapeuten: Diese haben bereits im Psychologiestudium Grundkenntnisse erworben, die sie auf den Beruf vorbereiten. Außerdem sind deren Auflagen für eine Zusatzausbildung – aus berufspolitischen Gründen – in der Regel bisher strenger gewesen, als sie es für Ärzte sind. So können Sie sicher sein, einen qualifizierten Behandler anzutreffen.

Warum Sie sich für eine Verhaltenstherapie entscheiden sollten? Weil sie erstens – so zeigen Untersuchungen – sehr effektiv ist und zweitens dabei wesentlich weniger Sitzungen anfallen. Natürlich ist die Frage, welches Verfahren bei welchem psychischen Problem besser wirkt, schwer zu beantworten und kaum zu erforschen, da man Menschen nicht einfach zu Versuchskaninchen machen kann und menschliche Veränderungen ein hochkomplexes Geschehen darstellen. Die Fachleute streiten dementsprechend erbittert. Aber wenigstens gibt es keinen Grund anzunehmen, daß das, was billig und pragmatisch ist, auch schlechter sein muß.

Es gibt ein sozialpsychologisches Experiment, bei dem Gruppen von Probanden versuchen sollen, in zufälligen Blinkfolgen mehrerer Lämpchen ein logisches System zu erkennen und jeweils vorauszusagen, welches Lämpchen wohl als nächstes leuchtet. Die Versuchspersonen wissen allerdings nicht, daß es gar kein vorhersagbares System gibt: Der Versuchsleiter manipuliert die Rate von vermeintlich richtigen Vorhersagen. Das Ergebnis ist, daß die Theorien der Probanden über zugrundeliegende Ursachen der Blinkfolgen um so komplizierter werden, je weniger Erfolge sie bei ihren Vorhersagen zurückgemeldet bekommen. Bringt man verschiedene Gruppen hinterher zur Diskussion zusammen, so »bekehren« meist die weniger Erfolgreichen mit den komplizierten Theorien die Erfolgreicheren mit den entsprechend einfacheren Sichtweisen.

Ich selbst bin Verhaltenstherapeut aus Überzeugung. Dennoch habe ich mich ebenfalls mit psychoanalytischer Literatur befaßt, was mich sehr bereichert hat. Mehr und mehr begannen mir aber dann die Vorzüge der modernen Verhaltenstherapie deutlich zu werden, die ich anfangs selbst – wegen der häufig mit Ratten durchgeführten Grundlagenexperimente der Gründerjahre – als »Rattenpsychologie« apostrophierte. Nach all den Jahren, die ich nun als Psychotherapeut arbeite, schätze ich vor allem folgende Vorzüge der Verhaltenstherapie:

- Die Verhaltenstherapie ist pragmatisch und lebensnah. Es gilt das »Prinzip der minimalen Intervention«, nach dem eine Therapie möglichst kurz sein sollte, damit keine unnötige Abhängigkeit vom Therapeuten gefördert wird.
- Es können das gesamte Grundlagenwissen und alle Theorien über psychische Störungen – egal welcher therapeutischen Richtung – einbezogen werden, solange sie sich einer Prüfung am konkreten Verhalten unterziehen lassen.
- Therapeut und Klient arbeiten im Sinne eines »kooperativen Empirismus« zusammen, wobei der Klient im Behandlungsprozeß mehr und mehr zu seinem eigenen Therapeuten werden soll.
- Es wird ausschließlich an den Zielen des Klienten gearbeitet, wobei der Therapeut sich um maximale Transparenz bemüht und seine Schritte und Vorschläge begründet: Schließlich ist ein Klient besonders motiviert, wenn er weiß, warum er leidet, und versteht, welche Schritte zur Änderung führen werden.

Verhaltenstherapie steht in dem Ruf, mechanistisch und eindimensional zu sein und der Komplexität menschlicher Probleme nicht gerecht zu werden. Ich bin nach jahrelanger Ausbildung und Praxis gerade der gegenteiligen Ansicht. Aber bilden Sie sich im Verlauf Ihrer Lektüre Ihre eigene Meinung!

Schließlich sei als Randbemerkung gestattet, daß Verhaltenstherapeuten »ganz normale Leute« sind – der typische Therapeutenhabitus fehlt ihnen meist wohltuenderweise. Darüber hinaus belegen Untersuchungen, daß gerade Verhaltenstherapeuten – entgegen des mechanistischen Rufes ihrer Therapie-richtung – mehr auf die Gefühle ihrer Klienten eingehen als Angehörige anderer Therapieschulen (vgl. Schelp und Kemmler 1988). Gute Therapeuten aller Richtungen sind heute ohnehin über den Schulenstreit hinaus.

Allerdings Vorsicht: Nicht alles ist gleichermaßen fachlich hochqualifizierte Verhaltenstherapie, was unter diesem Begriff angeboten wird. In der Übergangsregelung zum neuen Psycho-therapeutengesetz haben sich verschiedene Verbände darum be-müht, daß möglichst viele der von ihnen vertretenen Mitglieder die Kassenanerkennung bekommen. So erhielten einige Thera-peuten in dieser Übergangszeit die Kassenanerkennung, ohne in vollem Umfang den neuen Richtlinien gemäß ausgebildet zu sein. Und zwar dann, wenn sie schon seit längerem im »Kosten-erstattungsverfahren« an der kassenärztlichen Versorgung teil-nahmen. Es handelt sich dabei um Psychologen, die irgendwel-che Psychotherapieausbildungen oder gar keine weiterführenden Ausbildungen gemacht haben und die bei jedem einzelnen Fall die jeweilige Kasse des Klienten befragt haben, ob sie die Kosten der Therapie trage. Die Kassen taten dies bisher in aller Regel bereitwillig. All diese Kollegen bekommen nun relativ billig die Anerkennung als Verhaltenstherapeut oder psychoanalytisch orientierter Psychotherapeut, auch wenn sie in vergleichsweise geringerem Umfang theoretische und praktische Fertigkeiten in einem der anerkannten Verfahren nachweisen können.

Nach der Lektüre dieses Buches werden Sie sich Ihr eigenes Urteil bilden können, so daß Sie in der Lage sind, nach den Pro-besitzungen zu entscheiden, mit welchem Therapeuten Sie zu-sammenarbeiten wollen.

Vor jeder Therapie haben Sie nämlich das Recht, mehrere Pro-besitzungen mit dem Therapeuten Ihrer Wahl zu absolvieren. Ohne daß dafür eine Begründung nötig wäre, können Sie den Kontakt beenden und zu einem anderen Psychotherapeuten gehen. Dies können Sie so lange tun, bis Sie einen Behandler ge-funden haben, bei dem Sie sich rundum gut aufgehoben fühlen.

Und diese Mühe der Suche sollten Sie sich auch machen, denn Untersuchungen dazu belegen in seltener Klarheit, daß die Güte der Beziehung zwischen Therapeut und Klient mit die wichtigste notwendige Voraussetzung für Therapieerfolg ist.

Ich habe dieses Buch geschrieben aus Liebe zu meiner Arbeit als Verhaltenstherapeut. Bevor ich meine Kassenanerkennung und damit die Voraussetzung zur Niederlassung erwarb, arbeitete ich zunächst in einer Universitätsnervenklinik und anschließend etwa zehn Jahre lang in einer Psychosomatischen Klinik. Daher kenne ich die häufigsten Fragen und Probleme, aber auch Mythen und Vorurteile der Klienten, die eine Psychotherapie machen wollen.

Im ersten Abschnitt dieses Buches erfahren Sie, wie man sich die Entstehung psychischer Störungen vorstellen kann. In den folgenden Abschnitten werden Sie dann durch den Verlauf einer modernen verhaltenstherapeutischen Behandlung geführt. Sie erfahren dabei, wie Sie selbst eigene (kleinere) Probleme effektiver bearbeiten können. Und Sie erfahren weiterhin, bei welchen psychischen Problemen eine Verhaltenstherapie helfen kann.

Die in diesem Buch vermittelten Inhalte fußen im wesentlichen auf Veröffentlichungen von Fred H. Kanfer, Albert Ellis und Serge K. D. Sulz (vgl. Literaturverzeichnis). Kanfer und Ellis sind Begründer von Behandlungsansätzen, die die moderne Verhaltenstherapie außerordentlich stark geprägt haben. Weiterhin gingen viele Artikel und Bücher von Autoren unterschiedlichster therapeutischer Richtungen in dieses Buch ein ebenso wie in praktischen Seminaren und persönlichen Begegnungen oder Diskussionen erworbene Einsichten und Kenntnisse.

Vor allem aber waren unzählige meiner Klienten nicht nur Lernende, sondern auch strenge Lehrmeister, denen ich viel von meinem beruflichen Verständnis und viel Wissen um die Fragen, die den Laien beschäftigen, verdanke.

Besonders danken möchte ich Professor Dr. Fred H. Kanfer,

13

Dr. Albert Ellis und meinem ehemaligen Chef, Dr. P. Markert, für ihre Anregungen und Hilfen, die sie mir in persönlichen Gesprächen, Briefen und Workshops vermittelt haben. Weiterhin sei meiner Lektorin Hannelore Hartmann gedankt, ohne deren Hilfe ich dieses Buch nicht in der knappen mir zur Verfügung stehenden Zeit hätte schreiben können.

Einleitung: Verhaltenstherapie – neue Erlebnisse mit sich und der Welt

Als Menschen sind wir von klein auf gezwungen, uns einen Reim auf die uns umgebende Wirklichkeit zu machen. Ob wir wollen oder nicht, müssen wir von frühester Kindheit an auf unsere Umwelt reagieren. In diesen Interaktionen entstehen ein Selbstbild, ein Weltbild und Vorstellungen darüber, wie man in dieser Welt am besten überlebt.

Diese großenteils nicht einmal bewußten Konzepte prägen unser Verhalten und unsere Gefühle weitreichend. Prägnant ist dies im Schlagwort »zur Freiheit verurteilt« zusammengefaßt, das auf das Gedankengut von Existentialisten wie Sartre, Buber, Camus zurückgeht: Jeder muß seine »persönlichen Konstrukte« (George Alexander Kelly) aufgrund seiner eigenen Erfahrungen bilden und ihnen gemäß handeln. Selbst die Wissenschaftstheorie geht heute nicht mehr von einer positiv erkennbaren »Wahrheit« oder »Realität« aus: Wir sind vielmehr darauf angewiesen, uns unsere Realität zu »konstruieren«.

Diese Konstruktionen funktionieren, wenn sie passen, oder scheitern, wenn sie falsch sind. Ob sie aber nur »passen« – wie etwa der Gaunerschlüssel das Schloß ja auch öffnet – oder ob sie »stimmen« – wie der richtige Schlüssel –, können wir prinzipiell nicht entscheiden.

Diese konstruktivistische Weltsicht und der Existentialismus haben auch die moderne Psychotherapie geprägt.

Wenn wir Glück haben, haben wir ein stimmiges Konzept über die Welt bilden können und leben dementsprechend in relativer Harmonie mit uns selbst und unserer Umwelt. Oder wir haben zwar ein »dysfunktionales« Selbst- und Weltbild, aber haben eine Nische gefunden, in der das nicht zu Problemen führt.

Die meisten von uns aber haben in mancher Hinsicht verzerrte Konzepte und geraten deshalb in Konflikte mit sich und der Welt.

Menschen, die psychische Probleme haben, bemerken in der Regel zunächst einfach nur ihr Leid: Sie fühlen sich schlecht. Vielleicht ahnen sie auch mehr oder weniger deutlich, daß dies etwas mit ihrer Weltsicht, ihrem Selbstbild oder ihren »dysfunktionalen« (Überlebens-)Strategien zu tun haben könnte. Aber allein mit dieser Einsicht kommen sie nicht weiter.

Es ist wie bei einigen berühmten literarischen Gestalten.

Goethes »Faust« beginnt mit folgendem Monolog Fausts: »Habe nun, ach! Philosophie, Juristerei und Medizin und leider auch Theologie durchaus studiert mit heißem Bemühn. Da steh' ich nun, ich armer Tor, und bin so klug als wie zuvor! … Zwar bin ich gescheiter als alle die Laffen, Doktoren, Magister, Schreiber und Pfaffen; mich plagen keine Skrupel noch Zweifel, fürchte mich weder vor Hölle noch Teufel – dafür ist mir auch alle Freud' entrissen, bilde mir nicht ein, was Rechts zu wissen, bilde mir nicht ein, ich könnte was lehren, die Menschen zu bessern und zu bekehren … es möchte kein Hund so länger leben! Drum hab' ich mich der Magie ergeben …«

Faust leidet. Er merkt, daß ihm trotz seiner intellektuellen Überlegenheit und seiner Einsicht in die Dinge etwas fehlt, und will sich am Ostermorgen sogar »suizidieren«. Da bietet der Teufel ihm einen Pakt an.

Harry Haller aus dem »Steppenwolf« von Hermann Hesse ist ebenfalls »suizidal«, da er mit seinem Leben irgendwie nicht zurechtkommt und sich selbst trotz hoher Intelligenz nicht helfen kann. Da findet er die Einladung in ein »magisches Theater«, das – wie der Name sagt – sich in Bereiche jenseits der Vernunft begibt.

Bastian Balthasar Bux, der Held der »unendlichen Geschichte« von Michael Ende, ist ein pummeliger Junge, der vor lauter Problemen mit sich und der Welt auf den Dachboden seiner Schule flieht und in die Phantasiewelt von Abenteuerbüchern.

Seine Wandlung beginnt, als er das Land »Phantasien« retten muß, um es – und sich selbst – vor dem Untergang zu bewahren.

Candide, der Protagonist in Voltaires berühmtem gleichnamigen Roman, führt ein Leben gemäß der Leibnizschen Ideal-Philosophie, wir würden in »der besten aller möglichen Welten« leben, und es bedarf einer wahren Odyssee durch die Schrecken, Unbilden und Gehässigkeiten der Wirklichkeit, um das Weltbild des »Patienten« zu ändern, bis er in relativem Frieden mit sich und der Welt seiner Arbeit, dem Bestellen seines Weinberges, nachgehen kann.

Was hier und in unzähligen anderen Werken der Literatur erzählt wird, sind umfassende Wandlungsprozesse, die mehr oder weniger umfangreich auch in der Psychotherapie angestrebt werden. Der leidende Zeitgenosse allerdings – dem kein »magisches Theater« wie Harry Haller, keine »Magie« und »Teufelspakte« wie Faust und kein »Phantasien« wie Bastian Balthasar Bux zur Verfügung stehen und der nicht in die Welt verschlagen wird, um dort sein Seelenchaos zu inszenieren wie Candide – steht vor der schwierigen Frage, ob er sich in therapeutische Behandlung begeben und für welche Psychotherapie er sich entscheiden soll.

Man könnte die moderne Verhaltenstherapie besser »Erlebenstherapie« nennen, da es im wesentlichen um neue, korrektive Erfahrungen geht. Ebenso, wie diese das entscheidende Wirkprinzip in den oben erwähnten literarischen Werken sind, genügt es auch in der Psychotherapie selten, nur Einsichten zu haben: Es geht um konkrete neue Erlebnisse mit sich und der Welt.

Was genau geschieht in einer Verhaltenstherapie? Was sind lediglich Mythen, die nur Schaden anrichten, verwirren und letztlich unnötig Zeit kosten? Was kann der Therapeut für mich tun, was muß ich selbst leisten? Woran erkenne ich den Therapeuten, der mir wirklich helfen kann? All diese Fragen, deren Beantwortung aus dem Klienten einen mündigen Klienten machen, sollen hier erörtert werden.

Bei leichten Störungen möchte dieses Buch Hilfe zur Selbsthilfe auf der Grundlage der modernen Verhaltenstherapie bieten. Natürlich kann es auch vorbereitend oder begleitend zu einer Verhaltenstherapie gelesen werden, im Sinne einer Bibliotherapie. Schließlich liegt eine schnelle und effektive Therapie in Ihrem eigenen Interesse.

Vielleicht wollen Sie es mal mit der Verhaltenstherapie versuchen – egal, ob mit oder ohne »Pakt mit dem Therapeuten«.

Erster Teil:
Wie wir werden, was wir sind

So schreitet in dem engen Bretterhaus
Den ganzen Kreis der Schöpfung aus
Und wandelt mit bedächt'ger Schnelle
Vom Himmel durch die Welt zur Hölle.
Johann Wolfgang von Goethe:
»Vorspiel auf dem Theater« in »Faust«

Dieser erste Teil will Einblick geben in die Entstehung und Aufrechterhaltung psychischer Probleme und Störungen. Wir alle haben mehr oder weniger mit ihnen zu kämpfen. Wenn Sie im folgenden Ihre eigenen Probleme wiedererkennen, so sollen Sie sie verstehen und akzeptieren lernen. Darüber hinaus erfahren Sie, wie die Motivation zur Änderung gefördert werden und wo Änderung ansetzen kann.

Wenn Sie den Entschluß gefaßt haben, sich zu ändern, wenn Sie sich also schon in Ihrer »Hölle« befinden, so ist dem vieles vorausgegangen! Ob allerdings dabei alles im Himmel begonnen hat, ist äußerst zweifelhaft. Bei manch einem mag die Kindheit ein Paradies gewesen sein, bei einem anderen ganz und gar nicht – im wirklichen Leben gibt es eben nicht immer Gerechtigkeit! Heinrich Heine klagt dementsprechend:

Laß die heil'gen Parabolen,
Laß die frommen Hypothesen –
Suche die verdammten Fragen
Ohne Umschweif uns zu lösen.

Warum schleppt sich blutend, elend,
Unter Kreuzlast der Gerechte,
Während glücklich als ein Sieger
Trabt auf hohem Roß der Schlechte?

Woran liegt die Schuld? Ist etwa
Unser Herr nicht ganz allmächtig?
Oder treibt er selbst den Unfug?
Ach, das wäre niederträchtig.

Also fragen wir beständig,
Bis man uns mit einer Handvoll
Erde endlich stopft die Mäuler –
Aber ist das eine Antwort?

Auch Heine sieht offenbar die Ungerechtigkeit und das Leid im Leben und erkennt, daß es müßig ist, sich nach Antworten das Gehirn zu zermartern: Das Leben ist kurz, und viele grundlegende Fragen, die sich Menschen seit Jahrtausenden stellen, bleiben unbeantwortet. Auch in unserem persönlichen Leben bleiben viele drängende Fragen – etwa: »Warum gerade ich?« – ohne Antwort.

Wenn auch viele der »großen« Fragen offen bleiben müssen, so hat man doch auf eine Menge kleinerer Fragen inzwischen Antworten gefunden – und auch Sie selbst können das. Denn sie beziehen sich auf Ihren Alltag, Ihre unmittelbare Zukunft sowie auf lösbare Probleme. Und sich mit ihnen zu beschäftigen, ist durchaus lohnend.

Das Bild von uns selbst, von der Welt und von ihren Spielregeln

Wir alle malen an diesem Bild, solange wir leben. Die entscheidenden Skizzen, die dem späteren reichen Gemälde zugrundeliegen, entstehen aber bereits in der Kindheit. Sehr früh und sehr unbewußt. Im Lauf des Lebens erfährt das Bild vielleicht viele Veränderungen, die wesentlichen Motive bleiben aber meist bestehen. Das Schicksal, das dieses Bild bis heute erfahren hat, läßt uns den Menschen besser verstehen, der wir heute sind.

Bereits vor der Geburt bilden sich bei jedem Menschen genetisch bedingte und durch die Umwelt (bzw. was das Kind davon im Bauch der Mutter wahrnimmt) beeinflußte Wesensmerkmale heraus. Wenn ein Kind auf die Welt kommt, ist es also kein unbeschriebenes Blatt. Es handelt von Geburt an, ist dabei ausgesprochen aktiv und äußert sich entsprechend seiner genetischen Disposition, wenn auch anfangs noch eher reflexhaft. So bewirkt es auch Reaktionen bei seinen ersten Bezugspersonen. Langsam entstehen bestimmte Interaktionsmuster zwischen ihnen und dem Kind.

Verhaltensweisen, die zum Erfolg führen, z. B. Schreien bei Hunger, werden öfter wiederholt als andere, die ignoriert werden. Die anfänglichen Interaktionsgewohnheiten werden mit der Zeit auf immer mehr Situationen angewendet. Durch Lernen an Erfolg und Mißerfolg sowie durch das Vorbild der Bezugspersonen, das nachgeahmt wird, erweitert sich langsam der Verhaltensspielraum des Kindes.

Es liegt auf der Hand, daß unser frühes **Selbstbild** sehr stark von der Interaktion mit unseren Eltern bestimmt ist. Ein Kind, das Eltern hat, die es fördern, ermutigen, angemessen anregen und ihm notwendige Grenzen setzen, wird sich anders erleben als ein Kind, dessen Eltern es vor allem beschützen wollen oder die es überfordern.

Auch unser **Weltbild** ist maßgeblich beeinflußt von dem Vorbild und den Umgangsweisen der Eltern oder anderer Bezugspersonen mit dem kleinen Menschen. Ich hatte eine Klientin, die bei ihrer Großmutter aufgewachsen war, da beide Eltern arbeiten wollten und sich auch sonst durch ihr Kind eingeschränkt fühlten. Die Großmutter verbot der Enkelin, das Haus unnötigerweise zu verlassen oder fremde Kinder einzuladen. Sie war zwanghaft ängstlich und übertrug so ein Weltbild auf ihre Enkelin, das auf diffuse Weise bedrohlich und fremd war. Noch als Erwachsene glaubte diese Klientin, sie sei wenig liebenswert –

selbst die eigenen Eltern hatten sie schließlich abgelehnt – und sie könne ohne fremde Hilfe nicht überleben in der »feindlichen« Welt. Diese Hilfe versuchte sie sich später durch Überanpassung an den jeweiligen Partner zu »erkaufen«. Sie hatte nie gelernt, eigene Bedürfnisse oder Wünsche wahrzunehmen, zu artikulieren, geschweige denn durchzusetzen.

Als Kind handeln wir naiv und erleben die Reaktionen auf unser Handeln oftmals in einer traumatischen Härte, die für einen Erwachsenen schwer vorstellbar ist. Entsprechend wenden wir bestimmte Strategien an, die uns das Überleben in psychischer und physischer Hinsicht ermöglichen. So wie die oben genannte Klientin gelernt hat, daß sie nur durch Überanpassung überleben kann, haben wir alle in unserer Kindheit **Überlebensstrategien** gelernt.

Mein Sohn ist zweieinhalb Jahre alt und wiegt 17 Kilo. Ich wiege 85 Kilo, das fünffache. Will ich mir als Erwachsener vorstellen, wie ein väterlicher Wutausbruch von einem Zweieinhalbjährigen erlebt wird, muß ich mir als mein Gegenüber einen 425 Kilo schweren Koloß denken. Dabei können schon existentielle Ängste entstehen – selbst bei einem psychisch stabilen, erwachsenen Mann!

Wenn Kinder keine Zuwendung und keine Liebe bekommen, können sie weder psychisch noch physisch überleben – wie man spätestens seit den Humanversuchen des Stauferkaisers Friedrichs II. weiß, der Kinder auf der Suche nach der »Ursprache« ohne Bezugspersonen aufwachsen ließ. Friedrich glaubte, daß die Kinder – brachte man ihnen Sprache nicht bei – spontan in der gottgegebenen Ursprache zu sprechen begännen. So wüßte man endlich, wie Adam und Eva gesprochen hatten... Alle Kinder starben.

Es ist für ein Kind um so schwerer, in der Welt zu überleben, je weniger es elterliche Liebe bedingungslos erfährt. Viele Kinder erhalten auf bestimmte unbefangene Verhaltensweisen hin starke emotionale Reaktionen der Eltern: Die depressive Mutter etwa reagiert gereizt auf Äußerungen von Unlust oder Bedürfnissen des Kindes, die sie überfordern. Der cholerische Vater schlägt sein Kind, wenn es »frech« ist. Der narzißtische Vater zieht sich gekränkt zurück, wenn sein Kind Mißerfolge hat oder auch sonst nicht so ist, wie es sein müßte, um dem falschen Stolz des Vaters zu entsprechen.

Das Kind lernt sehr flexibel und sehr früh, sich so zu verhalten, daß es die überlebensnotwendige Zuwendung der Eltern nicht gefährdet. Je mehr Anstrengung und Energie es dafür aufwenden muß, desto mehr ist seine allgemeine Entwicklung erschwert. Außerdem sitzen diese früh gelernten Lektionen darüber, mit welchen zwischenmenschlichen Verhaltensmustern man am besten überlebt, meist extrem tief und fest.

Durch langandauernde Anpassungszwänge an die Dummheit, Gedankenlosigkeit oder Pathologie der Eltern oder durch kurze, aber intensive traumatische Erlebnisse – und für ein kleines Kind können scheinbar lächerliche Kleinigkeiten bereits traumatisch wirken – werden Selbstbild, Weltbild und vor allem starre Überlebensstrategien oft unwiderruflich geprägt.

Ich erinnere in diesem Zusammenhang den Fall einer Klientin, deren Mutter sich einmal mit einem alten Hut verkleidet im Garten versteckte und der etwa zehnjährigen Tochter beim abendlichen Nachhausekommen auflauerte. Sie wollte dem Mädchen für sein Zuspätkommen einen »Denkzettel« erteilen. Was sie damit jedoch erreichte, war eine schlimme Traumatisierung ihrer Tochter, die sich lange Zeit in Angst vor Dunkelheit ausdrückte.

Aufgrund der kindlichen Perspektive entstehen oftmals sehr verzerrte und irrationale Überlebensstrategien, da Kinder die Welt ja nicht »objektiv« wahrnehmen. Etwa bis zu ihrem dreizehnten Lebensjahr haben Kinder eine egozentrische Sichtweise und neigen dazu, Geschehnisse ursächlich auf sich zu beziehen. So regnet es in den Augen des kleinen Kindes deshalb, weil es »böse« war, und der Vater läßt sich von der Mutter scheiden, weil es »kein gutes Kind« war. Das Kind sucht die Schuld oft bei sich selbst und rettet so die Idealisierung der Eltern, deren intaktes Bild und deren Liebe es braucht.

Es sei jedoch an dieser Stelle auch darauf hingewiesen, daß unsere Erinnerungen an unsere »Kindheitstraumata« oft täuschen können. Das Bild, das wir als Kinder von unseren Eltern entwickeln – C.G. Jung spricht von der »Elternimago« –, ist immer eine Legierung aus Wahrheit und kindlicher Verzerrung. Unsere eigenen kindlichen Reaktionen auf Erlebnisse und deren infantile Interpretationen sind immer impliziert. Deshalb kann man nicht generell behaupten, die Eltern seien schuld an unseren heutigen Neurosen. Aber wir können durch Rückerinnerung ohne Schuldzuweisung die Genese unserer heutigen Problematiken besser verstehen.

Doch dann sollte der Blick nach vorne in die Zukunft gerichtet werden. Schließlich ist es – wie beim Schachspiel – nicht so wichtig, warum die Figuren gerade so stehen, wie sie nun mal stehen. Wichtig ist vielmehr, wie der nächste Zug sein soll!

Dennoch ist es aufschlußreich, einmal die drei wichtigsten Eigenschaften von Vater und Mutter, die uns spontan einfallen, auf ein Blatt Papier zu schreiben. Diese Eigenschaften haben uns von Kindheit an geprägt und als Vorbilder oder Modelle gedient. Vermutlich wird sich in unserem heutigen Charakter eine Kombination aus den Eigenschaften der engsten Bezugspersonen während der Kindheit entdecken lassen. Meist treten diese Eigenschaften etwa ab dem dreißigsten Lebensjahr deutlicher hervor, wenn das jugendliche Überschäumen das Persönlichkeitsbild nicht mehr verdeckt.

Unsere kindlichen Konzepte über uns selbst, die Welt und wie man darin am besten überlebt, werden natürlich im Lauf unserer Entwicklung überformt. Oftmals verkehren sie sich sogar in ihr Gegenteil, wenn z. B. ein eher schüchterner Mensch alles daransetzt, nach außen als besonders durchsetzungsfähig und selbstsicher zu wirken. Oder wenn ein kritikängstlicher Mensch nach dem – meist unbewußten – Konzept der »Vorwärtsvermeidung« eine Situation zwar nie direkt vermeidet, sich aber immer derart exzessiv auf alle Eventualitäten vorbereitet, daß eben nie auch nur die Spur eines Anlasses zu Kritik besteht.

In ihren Grundkategorien und zentralen Themen bleiben diese Konzepte in der Regel aber lebensbestimmend. Sie prägen unser Handeln selbst dann oder sogar gerade dann, wenn sie – was meist der Fall ist – nicht bewußt sind. Verhalten wir uns entgegen diesen früh erworbenen Einstellungen, so haben wir mit starken aversiven Gefühlen zu kämpfen. Diese Gefühle sanktionieren quasi die Einhaltung der in der Kindheit gelernten Spielregeln.

Ich denke in diesem Kontext an einen Klienten, der als Kind von seinem alkoholabhängigen Vater häufig grundlos geschlagen oder gedemütigt wurde. Dieser Klient war noch als Erwachsener unfähig, sich gegen ungerechte Behandlung zu wehren, ohne massive Schuldgefühle zu entwickeln. Die Regel, die er gelernt hatte, lautete: Du hast Strafe verdient, auch wenn du nicht weißt, warum. Änliches war wohl auch Franz Kafka geläufig, der seinen Roman »Der Prozeß« mit dem Satz beginnen läßt: »Jemand mußte Josef K. verleumdet haben, denn ohne daß er etwas Böses getan hätte, wurde er eines Morgens verhaftet.«

Hermann Hesse hat offenbar versucht, sich den prägenden Einflüssen seiner an christlichen Werten orientierten bürgerlichen Herkunft zu entziehen, indem er versuchte – zumindest in seinen literarischen Phantasien – das Gegenteil darzustellen. Psychoanalytiker nennen das »Reaktionsbildung«. Auch Hesse mußte feststellen, daß er der Kindheitsprägung so nicht entkommen konnte. In seinem Gedicht »Der Wüstling« schreibt er:

> Einst war ich ein kleiner Junge,
> Lernte Griechisch und ging zur Konfirmation,
> Eines frommen Vaters vielversprechender Sohn.
> Aber was ich damals versprochen,
> Daraus ist nicht viel geworden,
> Ich bin heraus aus eurem Garten gebrochen,
> Schweife flackernd umher in der Wildnis,
> Noch verfolgt und gequält von jenem Jugendbildnis,
> Das ich mich mühte zu tilgen und langsam zu morden. (...)
> Blut blüht im Bett, und die Polizei sucht den Täter.

Warum mehr desselben nicht unbedingt besser ist

Ausgestattet mit all den Einstellungen, die wir aufgrund des Vorbildes unserer Kernfamilie, unserer Interaktionen mit der Umwelt sowie unserer kindlichen Interpretationen unserer bisherigen Erlebnisse erworben haben, treten wir ins Leben. Der Psychologe George Alexander Kelly spricht in diesem Zusammenhang davon, daß wir alle »persönliche Wissenschaftler« seien, die vor der Folie dieser Grunderlebniskategorien alle neuen Erfahrungen ständig analysieren und einordnen. Dabei entwickeln wir immer verfeinertere Konzepte. Die früh erworbenen Grundannahmen über uns selbst und die Beschaffenheit der Welt bleiben aber in ihrem Kerngehalt weitgehend unverändert. So wird etwa ein geiziger Mensch immer ausgeklügeltere Strategien anwenden, um an noch mehr Geld zu kommen – seine Grundthese aber, daß Geld bzw. Besitz das Hauptziel des Lebens ist, wird er vielleicht nie in Frage stellen. Oder ein Mensch, der früh gelernt hat, daß er nur für Leistung Anerkennung bekommt, wird vielleicht immer bessere Leistungen erbringen, ohne jemals seine Abhängigkeit von der Meinung anderer und von der Fassade zu problematisieren.

Anders ausgedrückt: Wir Menschen vollziehen eher »Änderungen erster Ordnung« und tun mehr desselben, statt qualitative »Änderungen zweiter Ordnung« zu erwägen. Veranschaulichen läßt sich diese Tendenz an den folgenden Beispielen.

Ein Gerät wie etwa der Kühlschrank verhält sich hier analog. Immer wenn für ihn »Probleme« auftreten – wenn also die Innentemperatur zu sehr ansteigt –, startet das Kühlaggregat. Der Motor kühlt dann so lange, bis der Sollwert wieder erreicht ist. Vergißt aber der Benutzer einmal, die Kühlschranktür zuzumachen, reagiert der Kühlschrank genauso. Er reagiert auf ein Mehr an Problemen einfach mit einem Mehr der üblichen Problemlösestrategie. Der Motor kühlt dann so lange, bis er kaputtgeht – den Sollwert kann er wegen der offenen Tür ja keinesfalls erreichen. Indem er mehr desselben produziert, vollzieht er eine Änderung erster Ordnung.

Eine Änderung zweiter Ordnung wäre die Hinzufügung einer neuen, qualitativ anderen Reaktionsmöglichkeit, etwa der Einbau eines Mechanismus, der automatisch die Türe schließt, wenn nach einer gewissen Zeit der Sollwert nicht erreicht werden kann.

Im nächsten Beispiel können Sie sich selbst als Problemlöser erproben. Die Problemstellung besteht darin, daß Sie versuchen sollen, neun quadratisch angeordnete und gleichabständige Punkte mit vier Geraden zu verbinden. Dabei soll jede Gerade am Ende der vorhergehenden ansetzen.

Die meisten Menschen erfinden als weitere Instruktion dazu, daß sie den vorgegebenen Rahmen nicht verlassen dürfen, obwohl diese Regel nicht genannt wurde! So aufgefaßt, ist das Problem aber schlichtweg nicht lösbar. Auch noch so langes Grübeln und Herumprobieren führen nicht weiter. Erst wenn sie den vermeintlich vorgegebenen Rahmen sprengen – und dies ist ein qualitativ neuer Lösungsansatz –, wird eine Lösung möglich.

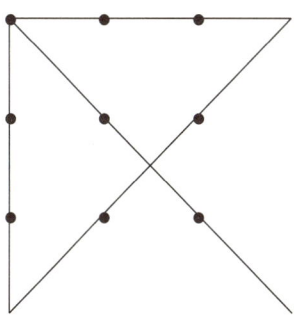

Abb. 1: Neun-Punkte-Problem von K. Duncker (1935)

In diesen Kontext paßt auch die Geschichte von dem armen und dem reichen Mann: Der arme Mann hatte hohe Schulden bei dem reichen und eine schöne Tochter. Eines Abends kam der reiche Mann, der ihm das Geld bereits »in libidinöser Absicht« geliehen hatte, und eröffnete ihm, er habe das Warten nun satt. Er schlug dem armen Mann ein Glücksspiel vor. Während er einen hellen und einen dunklen Kieselstein aufhob, erklärte er: »Ich nehme den dunklen Stein in die eine Hand und den hellen in die andere und verstecke dann beide Hände hinter meinem Rücken. Sodann sollst du eine Hand wählen. Wählst du die Hand mit dem hellen Stein, sind dir deine Schulden erlassen. Wählst du aber die Hand mit dem dunklen Stein, so bekomme ich, da ich nicht mehr länger warten will, statt des ausstehenden Geldes deine Tochter!« Insgeheim aber hatte der böse Reiche den weißen Kiesel zuvor mit einem schwarzen vertauscht, so daß er nun in beiden Händen einen schwarzen Stein hielt. Der arme Mann mußte einwilligen, obwohl er den Täuschungsversuch durchschaute.

Auch hier gibt es offenbar keine Lösung. Jedenfalls nicht auf den ersten Blick.

Der arme Mann ließ sich den Stein in der Hand seiner Wahl zeigen, schlug ihn aber sofort – wie aus neugierigem Übereifer – aus der Hand des Reichen und sagte: «Oh, welch ein Mißgeschick! Aber wir können ja einfach in der anderen Hand nachsehen, welcher Stein dort verblieben ist!« Er ergriff die andere Hand des Reichen und öffnete sie. Darin lag der zweite schwarze Stein. Also war der arme Mann dank seiner Fähigkeit zur Änderung zweiter Ordnung seine Schulden los und behielt dennoch seine schöne Tochter.

Selbstbild, Weltbild und unser Beziehungsverhalten

Die früh erworbenen Grundeinstellungen über uns selbst und die Beziehungen zu unseren ersten Bezugspersonen prägen in aller Regel auch unsere Partnerwahl: Entsprechend tappen viele ansonsten intelligente und sensible Menschen immer wieder in die gleichen »Beziehungsfallen«. So fühlt sich etwa manch einer nur so lange zu seinem Partner hingezogen, solange dieser ihm völlig unabhängig und autonom erscheint – so autonom wie das Elternimago der Kindheit. Sobald dieser Partner aber »erobert« ist und als gleichwertiges Gegenüber in Erscheinung tritt, scheint er mit einemmal entwertet zu sein. In gravierenderen Fällen werden immer wieder Partner gesucht, die aggressiv, cholerisch, depressiv oder alkoholabhängig sind – so wie jene ersten Bezugspersonen, die idealisiert wurden und deren Liebe einst überlebensnotwendig war.

Ebenso werden entscheidende emotionale Dispositionen in unseren frühen Beziehungen grundgelegt. Je nachdem, wie diese Beziehungen gestaltet waren, können unterdrückte Wut, Schuldgefühle, Angst, Eifersucht unsere Interaktion mit anderen überschatten. Diese emotionalen Grundkategorien bestimmen in der Regel auch unsere erwachsenen Beziehungen – spätestens dann, wenn Spannungen in diesen Beziehungen auftreten.

Achten Sie einmal darauf, welche Gefühle besonders häufig und besonders stark in Ihren derzeitigen emotionalen Beziehungen auftreten. Da Fühlen, Denken, Körperreaktionen und Handlungsimpulse vor allem bei Kindern eine Einheit bilden, können Sie den Zugang zu Ihren grundlegenden Emotionen erleichtern, indem Sie auf Gedanken achten, die Ihre Gefühle begleiten. Machen Sie eine Art Brainstorming und lassen Sie einfach alle Gedanken zu, die Ihnen in einem bestimmten Gefühlszustand in den Sinn kommen.

Lassen Sie in gleicher Weise auch Ihren Handlungsimpulsen einmal unzensiert freien Lauf. Probieren Sie aus, welche Bewegung zu der Wut paßt, die Sie vielleicht häufig bei Zurückweisung erleben. Ein Schlagen mit den Fäusten? Eine Tretbewegung? Kratzen? Führen Sie die Bewegung aus, die aus Ihrem Gefühl quasi entsteht und übertreiben Sie sie sogar. Schreien, rufen oder sagen Sie ruhig auch etwas dazu, wenn Ihnen danach ist. So bekommen Sie einen ersten Zugang zu den zentralen Gefühlen Ihrer Kindheit.

Vielleicht werden diese grundlegenden Gefühle im weiteren Verlauf Ihrer Selbstbeobachtung während der Lektüre dieses Buches häufiger auftauchen, so daß Sie ihre Herkunft und Funktion immer besser bestimmen und verstehen werden. Solch ein Verstehen erleichtert auch Ihre Änderungsbemühungen.

Die Gestaltung unserer Lebenswirklichkeit – Faktoren und Probleme

Sie kennen jetzt bereits die psychische Grundausstattung, mit der jeder von uns ins Leben »geworfen« wird. Wie aber ist es möglich, daß Handlungen selbst von intelligenten, gebildeten, sensiblen Erwachsenen von den teilweise irrationalen Lektionen aus der Kindheit gesteuert werden?

Viele Psychotherapeuten – auch solche, die nicht unbedingt in der Tradition Sigmund Freuds stehen – meinen, daß dies unterschwellig und wenig bewußt geschieht: Sie gehen von einer »autonomen Psyche« aus, die unsere Handlungen in einer Weise reguliert, daß unsere grundlegenden Bedürfnisse – primäre, körperliche Bedürfnisse und in der Beziehung zu den Eltern gelernte Bedürfnisse – möglichst befriedigt werden. So gestalten wir mit schlafwandlerischer Sicherheit, mehr oder weniger unbewußt und im Rahmen unserer objektiven Möglichkeiten unsere Welt und unsere Beziehungen. Unser Bewußtsein ist also nicht mehr als die Spitze des Eisbergs, und es ist nicht einfach mit der Gesamtheit unserer Psyche gleichzusetzen.

Statt von einer autonomen Psyche sprechen erfahrungswissenschaftlich orientierte Autoren von »automatischer Informationsverarbeitung«, um diese Zusammenhänge zu bezeichnen.

Neben den genannten psychischen Faktoren spielen natürlich immer auch physiologische Faktoren – z. B. Krankheiten oder körperliche Besonderheiten – sowie die reale Umwelt eine Rolle bei der Ausgestaltung unserer Lebenswirklichkeit. Leider vergessen gerade Psychotherapeuten diese Einflüsse nur zu oft und neigen dazu, alles zu »psychologisieren«.

Idealerweise sind wir als Erwachsene mit uns und unserer Welt zufrieden. Mit unbewußter Selbstverständlichkeit – automatisch – gestalten wir unser Leben so, daß unsere zentralen Anliegen und Bedürfnisse befriedigt werden. Dann haben wir offensichtlich in der Kindheit die passenden Einstellungen zu uns selbst, zu der Welt und wie sie funktioniert gelernt. Und wir haben in unseren Bezugspersonen brauchbare Vorbilder dafür gefunden, wie Realität bewältigt werden kann.

Andernfalls – wenn wir mit uns und der Welt nicht zurechtkommen und wenn dies nicht an äußeren Umständen liegt, sondern psychische Ursachen hat – ist quasi das »Programm«, nach dem die autonome Psyche bzw. die automatische Informationsverarbeitung unser Leben zu strukturieren versucht, irgendwie »inkompatibel« mit der Wirklichkeit. Wir befinden uns dann in der Problemphase, und wir leiden. Da die Ursachen unseres Leidens nicht oder nicht hauptsächlich in den Umweltbedingungen liegen, sondern in unserer automatischen Informationsverarbeitung, im »Programm«, das in unserer Kindheit programmiert worden ist, sind wir zur Lösung der Problematik unfähig, so sehr wir uns auch anstrengen. Wir sind so lange unfähig dazu, solange wir nur Lösungen erster Ordnung, also gemäß desselben alten »Programms« versuchen.

Unsere problematische Lage spitzt sich mit großer Wahrscheinlichkeit sogar noch zu, da Menschen dazu neigen, sich Probleme über ihre Probleme zu machen. In der einschlägigen Literatur bezeichnet man diesen Sachverhalt als »Symptomstreß« oder »Sekundärproblem«.

Gemeint ist damit, daß ich, wenn ich es trotz größter Anstrengung nicht schaffe, z. B. mit dem Rauchen aufzuhören oder meine Wutausbrüche unter Kontrolle zu halten, nicht nur unter meinem Fehlverhalten und dessen unmittelbaren Folgen leide. Ich leide auch darunter, daß ich es nicht schaffe, mein Verhalten zu ändern. Ich werte mich selbst als Mensch ab, weil ich mit meinem Problem nicht fertig werde, statt nur unter dem zugrundeliegenden Problem zu leiden – was eigentlich auch schon genügen würde. Dies führt zu einer insgesamt verkrampfteren Haltung, die indirekt das Symptomverhalten fördert, statt es abzubauen. Also wird alles immer schlimmer statt besser.

Die Problemphase geht irgendwann über in die offene Konfliktphase. Meist liegt hierfür eine äußere, situative Ursache vor, die den Prozeß gleichsam katalysiert. Manchmal geht die Problemphase aber auch einfach wegen Überlastung und Erschöpfung infolge der Kompensationsversuche in die akutere Phase über. Diese äußeren Ursachen sind der Auslöser, in aller Regel aber nicht der wahre Grund des offenen Konflikts.

Ein Beispiel: Die Panikerkrankung einer Klientin begann scheinbar zufällig zu dem Zeitpunkt, als ihr Ehemann einen mehrmonatigen beruflichen Lehrgang besuchen mußte und nur am Wochenende zu Hause sein konnte. Durch seine Abwesenheit verschärfte sich der bislang schwelende, vom Ehemann jedoch abgefederte Konflikt zwischen seiner Frau und seiner Mutter. Da die Klientin in der Kindheit nicht gelernt hatte, wie man sich und seine Interessen anderen gegenüber durchsetzt, bzw. da ihr internalisiertes Selbstbild ihr jede aggressive oder vermeintlich egoistische Handlung verbot, konnte sie die Situation allein nicht mehr bewältigen.

Neben solchen äußeren, situativen Faktoren können auch einschneidende Stationen in der menschlichen Entwicklung Auslöser einer offenen Konfliktphase sein. Sie stellen neue und zunächst scheinbar nicht zu bewältigende Anforderungen an das Individuum. Besonders bei Kindern spielt die Entwicklung eine schwerwiegende Rolle als Auslöser von Konfliktphase und Symptomen. Deshalb sollte man bei der Behandlung von Kindern immer mitbedenken: Welche Entwicklungsphase steht bei dem betreffenden Kind gerade an? Welche der damit verbundenen Herausforderungen überfordern die Bewältigungskapazität des Kindes?

Einer meiner kleinen Klienten entwickelte Schulangstsymptome in einer Entwicklungsphase, in der gerade die Ablösung vom häuslichen Umfeld begann. Ein anderer zeigte nach der zwar Jahre zurückliegenden, aber unzureichend verarbeiteten Trennung seiner Eltern dann Zwangssymptome, als es ihm nach dem Wechsel ins Gymnasium nicht gelang, neue Kontakte zu Gleichaltrigen zu knüpfen.

Auch bei Erwachsenen können solche Schwellensituationen manchmal eine Konfliktphase auslösen: beim Übergang ins Berufsleben, bei der Geburt von Kindern, bei Trennung oder Scheidung, bei Beförderungen, beim Eintritt ins Rentenalter. Solche und ähnliche entwicklungsrelevante Lebensphasen bringen neue Anforderungen mit sich, welche die zuvor latent vorhandenen Defizite eskalieren lassen.

Thomas Mann schreibt, daß jeder Schmerz seine Grenzen habe: Der körperliche in der Ohnmacht, der seelische im Stumpfsinn. Er hat, wie wir im weiteren sehen werden, nicht ganz unrecht mit dieser Beobachtung – wenn es auch in unserem Feld noch zwei weitere prinzipiell mögliche Auswege gibt.

Bleiben wir beim Beispiel der Klientin mit den Panikattacken: Sie kann – gemäß Thomas Mann – in Stumpfsinn verfallen. Mit anderen Worten: Sie kann resignieren und ein Leben führen, das eigentlich unterhalb ihrer Möglichkeiten liegt. Sie würde dann akzeptieren, daß sie den übertriebenen Ansprüchen und Ansinnen ihrer Schwiegermutter ausgesetzt bleibt.

Oder die Klientin könnte – was sie zunächst auch tat – die Flucht in ein körperliches oder seelisches Symptom antreten. In ihrem Fall Panikattacken. Dies geschieht natürlich nicht ganz bewußt – möglicherweise aber auch nicht ganz unbewußt. Die autonome Psyche sucht eine Reaktions- und Lösungsmöglichkeit für den Konflikt. Als Kompromiß kommt da ein Symptom wie z. B. Angst äußerst gelegen: Es bringt Verschonung vor der Schwiegermutter, Zuwendung durch den Ehemann und Ablenkung von der quälenden Bewußtheit des eigenen Defizits.

Die Klientin könnte aber auch – im Idealfall – entgegen ihrem bisherigen Selbstkonzept handeln, das heißt, sie könnte sich wehren und ihre Interessen gegenüber der Schwiegermutter mehr oder weniger aggressiv durchsetzen und damit gleichzeitig ihren Verhaltensspielraum für die Zukunft erweitern. Ein Handeln entgegen dem bisherigen Selbstkonzept fällt aber schwer, da unsere Grundeinstellungen – wie oben ausgeführt – ja emotional sanktioniert sind. So hätte die Klientin vorübergehend mit starken Schuldgefühlen und Ängsten zu kämpfen. Zusätzlich wird eine Verhaltensänderung dadurch erschwert, daß wir Menschen extrem ungern unser Selbst- oder Weltbild ändern. Ein starkes Festhalten an unserem Selbstbild ist ein menschliches Charakteristikum.

Vielleicht fällt eine Veränderung des Selbstkonzepts auch deshalb so schwer, weil wir uns, falls uns dies gelänge, ja Rechenschaft darüber geben müßten, warum wir diese Änderung nicht schon früher zugunsten einer besseren Lebensqualität vollzogen haben. All die zurückliegenden Mühen und Manöver, unsere Defizite mehr schlecht als recht zu kompensieren, wären dann ja gar nicht nötig gewesen!

Der Preis der Veränderung ist hoch – der Gewinn aber ebenso.

Wann brauche ich Psychotherapie?

Psychische Probleme und Konflikte müssen nicht in jedem Fall auftreten – solange alles gutgeht! Leider geht es aber gar nicht mal so selten nicht gut: Viele Menschen leiden unter psychischen Problemen. Statistische Daten belegen dies. Aber wer bestimmt eigentlich, wann ein Mensch »psychisch gestört« oder »psychisch krank« ist?

Wir berühren hier die Normenproblematik in der Psychotherapie. Viele Theoretiker haben Normen darüber aufgestellt, was ihrer jeweiligen Theorie entsprechend psychisch krank bzw. psychisch gesund ist. Ein bekanntes Beispiel für eine solche ideale Norm ist etwa die sogenannte »fully functioning person«, die auf Carl R. Rogers, den Begründer der klientenzentrierten Gesprächspsychotherapie, zurückgeht. Sigmund Freud sprach in seiner Definition von psychischer Gesundheit von der Fähigkeit zu »Liebe und Arbeit«. Diese Auffassung ging ebenfalls schon in Richtung einer funktionalen Norm. Hier ist das Kriterium für psychische Gesundheit, daß grundlegende Funktionen von einer Person ausgeführt werden können.

Es gibt internationale Klassifikationssysteme, anhand derer Psychiater und Psychologen psychische Krankheiten zum Zweck internationaler Vergleichbarkeit und wissenschaftlicher Erfaßbarkeit einteilen. Aber auch diese stellen letztlich immer eine idealtypische, theoretisch abgeleitete Norm dar.

Im Bereich des Psychischen gibt es – anders als etwa im Bereich der Organmedizin – keine verläßliche Norm, die besagt, was gesund und was krank ist. Außerdem sind solche Normen von Kultur zu Kultur verschieden. In Indien beispielsweise werden Menschen, die bei uns als Schizophrene eingestuft würden, als Heilige verehrt.

Auch in diesem Buch – so muß ich Sie vielleicht enttäuschen – werden Sie sicher nicht erfahren, ob Sie oder Ihre Schwiegermutter nun »gestört«, »verrückt«, »psychisch krank« oder eben »ganz normal« sind.

Es gibt aber zwei entscheidende Faktoren, die für unsere Zwecke und für die Psychotherapie insgesamt (sieht man einmal vom Bereich der Krisenintervention bei Selbst- oder Fremdgefährdung ab) eigentlich vollkommen ausreichen.

Das erste Kriterium für Änderungs- oder Behandlungsbedürftigkeit ist schlicht der **Leidensdruck**. Wenn Sie unter Ihrer derzeitigen Situation leiden, liegt auf der Hand, daß eine Änderung ansteht. Denn gewissermaßen brennt der Boden unter Ihren Füßen.

Das zweite Kriterium besteht in der **Zielbezogenheit**. Wenn ich z. B. gesünder leben **will**, muß ich zu rauchen aufhören. Wenn ich abnehmen **will**, muß ich meine Ernährung umstellen. Wenn ich Vorträge halte **will**, muß ich lernen, mit meiner sozialen Angst fertig zu werden. Wenn ich mich weniger ausnutzen lassen **will**, muß ich lernen, nein zu sagen …

Wenn Sie sich in der Konfliktphase befinden und aus diesem Grund zu diesem Buch gegriffen haben oder erwägen, eine Verhaltenstherapie zu machen, dann haben Sie vielleicht auch schon den Entschluß, sich zu ändern, gefaßt. Im nächsten Teil erfahren Sie, wie ein verhaltenstherapeutischer Veränderungsprozeß aussehen kann bzw. wie Sie ihn selbst in Gang bringen können.

Zweiter Teil:
Der Änderungsprozeß

Tempora mutantur et nos mutamur in illis.
Kaiser Lothar I. (795-855)

Der lateinische Ausspruch Kaiser Lothars I. besagt: »Die Zeiten ändern sich, und wir ändern uns in ihnen.« Ein zeitgenössischer Spruch lautet: »Wer sich nicht ändert, der kann sich nicht treu bleiben.« Änderung ist Teil des Lebens. Sie findet statt, ob wir es wollen oder nicht, und nicht immer in die von uns gewünschte Richtung. In der Psychotherapie geht es um gezielte Veränderung in eine Richtung, die für uns vorteilhaft ist.

Um diesen Veränderungsprozeß bewußt und gesteuert in Gang zu setzen, ist eine gestufte Abfolge von Schritten sinnvoll. Wie dies speziell in der Verhaltenstherapie umgesetzt wird, erfahren Sie in den folgenden Kapiteln.

Doch zunächst einige Überlegungen zur psychischen Veränderung im allgemeinen. Hier soll auch ein Blick geworfen werden auf die Veränderungsmodelle anderer therapeutischer Richtungen, der Gestalttherapie und der Psychoanalyse als zwei bekannten Therapieschulen.

Modellvorstellungen über psychische Veränderungsprozesse

Was genau also meinen wir, wenn wir von »psychischer Veränderung« sprechen? Die Aspekte dieses Phänomens variieren je nach der theoretischen Grundposition, von der aus man diesen Sachverhalt betrachtet. Deshalb will ich Ihnen im folgenden einige Expertenmeinungen vorstellen – wenn auch wegen der gebotenen Kürze in vereinfachter Form.

Als man Milton Erickson, den Begründer der Hypnotherapie, einmal fragte, was er unter Psychotherapie und psychotherapeutischem Veränderungsprozeß verstehe, soll er mit nachstehender Geschichte geantwortet haben. Sie spiegelt Ericksons Auffassung wider, daß es in der Psychotherapie in erster Linie wichtig ist, innere Veränderungsprozesse in Gang zu setzen. Richtung und Ziel des Geschehens ergeben sich dann wie von selbst.

Einem kleinen Jungen, der auf einer Farm in einem abgelegenen Landstrich Amerikas lebte, war eines Tages sein Lieblingspferd entlaufen. Nach langem Bitten erlaubten seine Eltern ihm, sich auf den Weg zu machen, um das Pferd zu suchen. Keiner hatte große Hoffnung, daß der Junge das Pferd jemals wiederfinden würde. Aber viele Wochen später stand der Junge mit dem Pferd vor der elterlichen Farm.

Er berichtete, er habe das Pferd sehr weit entfernt von zu Hause gefunden. Der Vater fragte nun, wie er den Weg nach Hause wiedergefunden habe. Da antwortete der Junge, das Pferd habe den Weg allein gefunden. Er habe sich nur von ihm tragen lassen und habe es lediglich daran hindern müssen, zu lange am Wegrand zu grasen ...

Die vier grundsätzlichen Ansatzpunkte der Therapie seelischer Probleme

Grundlegend kann man sagen, daß es unabhängig von der »Schulrichtung« eines Therapeuten bei jeder psychotherapeutischen Veränderung immer um Einwirkungen auf die vier Bereiche Denken, Verhalten, Gefühl und Körperreaktionen geht. Die Veränderungen in diesen Bereichen sollen es der Person ermöglichen, mehr Autonomie zu erlangen und ihre grundlegenden Bedürfnisse besser zu befriedigen.

Die verschiedenen Therapieformen setzten nun vorwiegend an einem oder mehreren der vier Bereiche an: Die klassische, heute längst wesentlich ergänzte und nicht mehr so einseitige Verhaltenstherapie knüpfte am beobachtbaren Verhalten an und erhoffte sich dadurch Effekte auf die Bereiche Denken, Gefühl und Körperreaktionen. Wenn beispielsweise ein Klient im Rollenspiel mit seinem Therapeuten lernt, seine Bedürfnisse besser zu äußern und öfter nein zu sagen, so wird dies – so erwartete man – in der Folge sein Selbstwertgefühl verbessern, seine inneren gedanklichen Monologe verändern und seine körperlichen Streßreaktionen in sozialen Situationen abbauen.

Bereits kognitiv orientierte Verhaltenstherapeuten werden bei demselben Klienten vorwiegend an den Gedanken anknüpfen und den Klienten veranlassen, sich zunächst seine sogenannten »inneren Selbstverbalisationen« bewußt zu machen. Dann werden sie ihm im Rahmen einer kognitiven Umstrukturierung helfen, die Gedanken, die den Zielen des Klienten im Wege stehen – seine »dysfunktionalen Kognitionen« – in zielführender Weise zu verändern. Auch sie werden erwarten, daß ihre Intervention Auswirkungen auf das offene Verhalten, die Gefühlswelt und die Körperreaktionen des Klienten zeitigen.

Ein Psychodramatherapeut oder ein Gestalttherapeut wird vor allem versuchen, den Klienten in starke Gefühlsbeteiligung zu bringen, um damit die Möglichkeit zu haben, diese emotionalen Prozesse unmittelbar zu verändern. Dies geschieht in der Erwartung, daß sich in der Folge auch Änderungen im offenen Verhalten, im Denken und in den Körperreaktionen einstellen werden.

Geht derselbe Klient wegen seines Problems zum Nervenarzt, so wird dieser ihm vielleicht ein Beruhigungsmittel verschreiben oder eine Entspannungstechnik vermitteln. Er wird hoffen, daß diese Interventionen auch positive Auswirkungen auf Gedanken, Verhalten und Emotionen des Klienten haben.

Ein moderner Verhaltenstherapeut wird bei seinen Interventionen immer alle vier Bereiche im Auge behalten und je nach Indikation zwar Schwerpunkte setzen – meist in dem Bereich, in dem sich die Symptome am stärksten auswirken –, aber prinzipiell auf allen Ebenen gleichzeitig ansetzen.

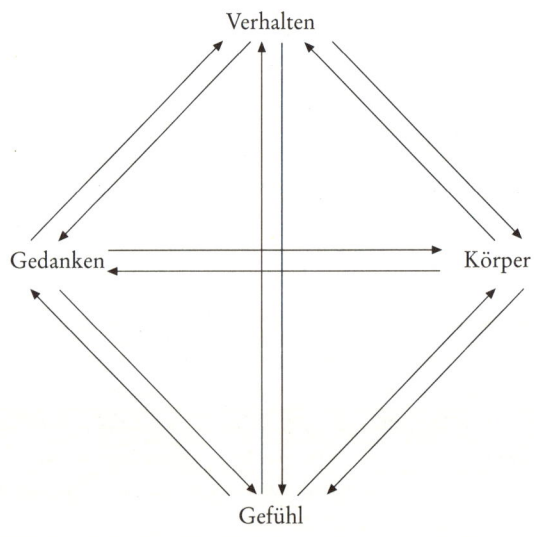

Die vier Dimensionen der Psychotherapie

Der derzeit vielleicht prominenteste Psychotherapieforscher, Klaus Grawe, betont, daß Psychotherapien zu einseitig ausgerichtet sind, wenn sie nicht die folgenden vier grundsätzlichen Dimensionen therapeutischer Arbeit beinhalten (vgl. Grawe, Donati und Bernauer 1994). Anders als die Ansatzpunkte für therapeutisches Handeln – Denken, Fühlen, Verhalten, Körperreaktionen – bezeichnen die Dimensionen die grundlegenden Aspekte, die ein Therapeut bei seiner Arbeit unbedingt berücksichtigen sollte.

Ein guter Psychotherapeut wird demnach dem Klienten zunächst eine plausible Erklärung für dessen Störungen geben. Dies soll vor allem zu einem Abbau von Demoralisierung und Hilflosigkeitsgefühlen führen und Selbstabwertungen wegen der eigenen Schwierigkeiten verringern helfen.

Er wird auch bemüht sein, dem Klienten konkrete Strategien, Techniken und Informationen an die Hand zu geben, wie er mit seinen Problemen besser zurechtkommen kann.

Er wird die Sitzungen so gestalten, daß der Klient nicht nur über seine Störung redet, sondern die Gefühle, die mit dieser Störung verbunden sind, auch während der Stunde erlebt. Damit ist sichergestellt, daß nicht nur »um den heißen Brei« herumgeredet wird.

Und schließlich wird der Therapeut darauf achten, nicht nur über die Probleme seines Klienten zu reden, sondern auch seine Stärken zu würdigen und möglichst für die Therapie nutzbar zu machen. Bei einer intakten Partnerschaft kann der Partner als »Ko-Therapeut« gewonnen werden, oder bestimmte Dinge und Eigenschaften, über die der Klient verfügt – Intelligenz, ein großer Freundeskreis, Humor etc. –, können für therapeutische Zwecke eingesetzt werden.

Wie diese vier grundlegenden Dimensionen beispielhaft in der Gestalttherapie, Psychoanalyse und Verhaltenstherapie umgesetzt werden, verdeutlichen die folgenden Kapitel.

Das gestalttherapeutische Veränderungsmodell

Über die Prozesse, die bei menschlichen Veränderungen stattfinden, ist erstaunlich wenig Konkretes geschrieben und gesagt worden. Statt dessen wird in der Regel viel und vage darum herumgeredet. Sehr bildhaft und deshalb sehr gut nachvollziehbar wird dieser Veränderungsprozeß in einem Buch von gestalttherapeutischen Autoren dargestellt, aus dem deshalb auch die folgenden Abbildungen in leicht veränderter Form übernommen wurden und an das sich diese kurze Zusammenfassung anlehnt (vgl. Staemmler und Bock 1991).

Im vorhergehenden wurde bereits dargelegt, wie psychische Probleme aus verhaltenstherapeutischer Perspektive entstehen. Wir knüpfen nun an dem Punkt an, an dem ein Mensch mit einem bestimmtem Selbstbild, Weltbild und mit bestimmten Überlebensstrategien deutlich mit der ihn umgebenden Wirklichkeit in Konflikt gerät.

In der **Stagnationsphase** – wie Gestalttherapeuten die Problemphase nennen – bemerkt unser Beispielklient erstmals schmerzlich, daß er bestimmte Bedürfnisse nicht befriedigen kann oder bestimmte Lebensziele nicht erreicht. Er findet beispielsweise keinen Partner, der es längere Zeit mit ihm aushält, oder hat Erziehungsprobleme oder Suchtprobleme oder ärgert sich so sehr über alles mögliche, daß er schon ein Magengeschwür hat. Allerdings glaubt er noch, daß die Gründe dafür außerhalb seiner Person liegen.

Natürlich sind alle Lösungsversuche, die auf dieser verzerrten Problemsicht basieren, zum Scheitern verurteilt. Denn wer die Problemursache in der Außenwelt vermutet, wird auch versuchen, die Außenwelt zu ändern statt sich selbst. Unser Beispielklient wird also bei der Erziehung oder am Arbeitsplatz noch strenger auftreten, um Kinder bzw. Kollegen zu veranlassen, endlich »perfekt« zu werden. In der Abbildung repräsentiert der Kreis die Person und stellen die Pfeile die Schwierigkeiten dar.

Aufgabe des Therapeuten ist es nun, dem Klienten ein Problem-
verständnis zu vermitteln, bei dem dessen Eigenanteil an der
Problematik hervorgehoben wird. Die Frage des Therapeuten
lautet also: Warum hat gerade diese Person gerade dieses Problem gerade jetzt? Unser Klient müßte sich entsprechend etwa
fragen lassen, warum sein Kollege Karl mit denselben Mitarbei-
tern und noch weniger perfekten Kindern ohne exzessiven Ärger leben kann. Er wird erkennen, daß sein Streß viel damit zu
tun hat, daß er an sich und andere enorm hohe Anforderungen
stellt, auf deren absolute Erfüllung er pocht. Und dies, obwohl
er im Alltag erlebt, daß sie eben nicht erfüllt werden – offensichtlich auch nicht absolut erfüllt werden *müssen*.

In der **Polarisationsphase** erkennt der Klient, daß gewisse
Grundeinstellungen, die er hat, zu seinen Problemen führen.
Ebenso erkennt er die Wirkungslosigkeit seiner bisherigen Pro-
blemlösungsversuche. Ihm wird langsam klar, daß manche wichtigen persönlichen Ziele nur dann erreicht werden können, wenn
er zentrale Einstellungen ändert, so daß er sich nicht mehr wie
bisher selbst im Wege steht. Schließlich erkennt der Klient un-
vereinbare, »irrationale« Einstellungen als die eigentliche Problemursache in seinem eigenen Inneren.

Dabei polarisieren sich die wesentlichen Vorstellungen darüber, was der Klient will bzw. welche Bedürfnisse bisher unbefrie-
digt bleiben mußten, und darüber, warum er den Schritt zur
Befriedigung seiner Bedürfnisse bisher nicht gehen konnte. Die
»expansiven« Tendenzen nach Veränderung stehen den »kontraktiven« Befürchtungen vor diesem Veränderungsschritt gegenüber.

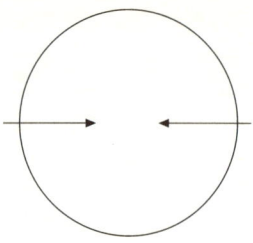

In der **Diffusionsphase** kommt es nun darauf an, bisher unhinterfragte Einstellungen anzuzweifeln. Dies führt den Klienten in Verwirrung, da er ja noch keine neuen, stabilen Alternativeinstellungen hat. Er sägt quasi an dem Ast, auf dem er sitzt. Für den Klienten wird diese Phase als große innere Verunsicherung und als persönliche innere »Revolution« erlebt. Unser Beispielklient müßte sich nun darauf einlassen, seine Mußforderungen an sich und andere einmal durch Wünsche oder Präferenzen zu ersetzen, deren Nichterfüllung aber keine Katastrophe bedeutet. Dies ist jedoch schwer, weil er fürchtet, daß seine bisherige soziale Position als Vater oder als Arbeitnehmer dadurch völlig unterminiert wird. Nicht auszudenken, wie die anderen ihm auf der Nase herumtanzen, wenn er sich eine solche »Schwäche« leistet...

Außerdem ist, wie zuvor bereits ausgeführt, die Änderung früh erworbener Einstellungen durch starke Emotionen sanktioniert.

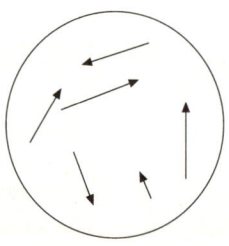

Unser Klient befindet sich also nun in einer starken Gefühls- und Einstellungsverwirrung. In dieser Phase braucht er großes Vertrauen in seinen Therapeuten. Und er muß sich weiterhin darauf einlassen, die Kontrolle über den Veränderungsprozeß vorübergehend aus der Hand zu geben und sich dem nun stattfindenden Geschehen völlig auszuliefern. Er stellt sein psychisches »Skelett« in Frage, also die Grundeinstellungen, die ihm bisher innere Orientierung und Halt geboten haben – wenn auch um den Preis von Anpassungsschwierigkeiten. Und ein neues »psychisches Skelett« hat der Klient in dieser Phase noch nicht.

Wenn es dem Klienten also gelingt, sich weiterhin auf den Veränderungsprozeß einzulassen, geht es jetzt darum, den Punkt zu finden, wo der »Hase im Pfeffer« liegt. In seinem emotionalen Erleben, in seinem Verhalten und in seinen Einstellungen wird der Klient nun mit seinen zentralen Konflikten konfrontiert. Alles konzentriert sich in dieser Phase auf dieses Thema. Und er muß seine »kontraktiven« Gefühle erleben und überwinden: Im wesentlichen handelt es sich dabei um die Angst vor dem Wachstumsschritt, die vergleichbar ist mit der im allgemeinen Veränderungsmodell beschriebenen Tatsache, daß unsere früh erworbenen Grundeinstellungen emotional sanktioniert sind und daß jeder Versuch, dagegen zu verstoßen, von starken negativen Emotionen begleitet ist. In den als **Kontraktion** bezeichneten Gefühlszuständen erscheint eine Lösung des Konflikts zwischen Bedürfnis und Angst plötzlich als ganz unmöglich.

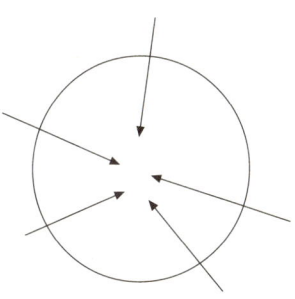

Unser Beispielklient wird in dieser Phase konkrete Konfliktsituationen, die auf seine verzerrten Einstellungen zurückgeführt werden können, unter starker Gefühlsbeteiligung durcharbeiten: in der Verhaltenstherapie etwa im Rollenspiel und/oder in Form von therapeutischen »Hausaufgaben« in Realsituationen – Gestalttherapeuten greifen oft aktuelle Konfliktsituationen in der Therapiegruppe auf.

Geht er durch diese sehr belastende Phase der Konfrontation mit unüberwindlich erscheinenden Situationen und unerträglich erscheinenden Gefühlen hindurch und entdeckt und erfährt er dabei, daß er all das aushält, daß darüber hinaus sogar alternative Einstellungen, Verhaltensweisen und Gefühle möglich sind, so ist der Prozeß beendet. Der Klient hat nun all seine Energie zur Verfügung, um sie nach außen zu richten und sich wieder mit der Welt auseinanderzusetzen statt mit seinem Seelenleben.

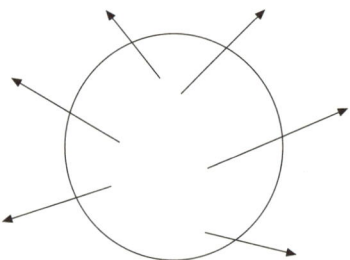

Natürlich kann es bei diesem Prozeß zu jedem Zeitpunkt Rückschritte geben, erneute tastende Fortschritte, neue Rückschritte – wegen der subjektiv bedrohlichen Veränderungen – und wieder kleinere oder größere Fortschritte.

Dieses gestalttherapeutische Modell beschreibt sehr anschaulich, was in einer Psychotherapie passiert. Weniger gut stellt es allerdings dar, wie die Veränderungen selbst genau vor sich gehen. Unpräzise wird auf eine »Ganzheitlichkeit« des Prozesses verwiesen, die eine exaktere, verständlichere Darstellung scheinbar verunmöglicht.

Von den vier grundsätzlichen Änderungsdimensionen ist in der Gestalttherapie vor allem der dritte Punkt, die Gefühlsaktualisierung, besonders gut realisiert. Die Klienten geraten in starke Gefühle, die sie aktuell erleben und die ihnen verdeutlichen, wie sie sich selbst blockieren. Dies gelingt bisweilen wirklich elegant. In dieser Hinsicht könnten gestalttherapeutische Verfahren in eine empirisch fundierte schulübergreifende Psychotherapie der Zukunft Eingang finden. Dies wäre besonders begrüßenswert, da die Verhaltenstherapie im Bereich »Erlebnisaktivierung« deutliche Schwächen aufweist.

Das psychoanalytische Veränderungsmodell

Psychoanalytiker arbeiten psychotherapeutisch mit dem »Werkzeug« der sogenannten »Übertragung«. Der Klient wird aufgefordert, alles zu sagen, was ihm durch den Kopf geht, selbst wenn es ihm unwichtig oder peinlich erscheint. Der Analytiker hört konzentriert zu und achtet dabei auf Nuancen zwischen den Zeilen: Er hört mit dem »dritten Ohr«. Zugleich beobachtet er, was das Verhalten des Analysanden bei ihm selbst auslöst, und nutzt diese Informationen diagnostisch.

In der Psychoanalyse geht es vor allem darum, aus welchem Motiv heraus sich ein Klient in einer bestimmten Weise verhält. Was bezweckt er – möglicherweise unbewußt – mit seinem Interaktionsverhalten? Wenn ein Klient bei seinem Analytiker immer das Gefühl auslöst, er müsse ihm helfen, ihn trösten und ihm alle Härten des Lebens abnehmen, so hat ein solches Verhalten eine Funktion. Der Analytiker achtet auf Inhalts-, Beziehungs- und Appellaspekt der Äußerungen des Klienten. Wenn dieser zum Beispiel sagt, es sei im Behandlungszimmer zu kalt (Inhalt), so kann dies bedeuten, daß er sich als zuwendungsbedürftiges Kind (Beziehung: Kind-Vater) erlebt und mehr menschliche Wärme (Appell: »Wärme mich!«) des Therapeuten erhofft.

Therapeut und Analysand lassen sich auf eine äußerst komplizierte Beziehungsdynamik ein. Dabei gibt der Therapeut sehr wenig von sich selbst preis, damit er eine »Projektionsfläche« für die Gefühle und Bewertungen des Klienten bleibt. Jeder kennt diesen Prozeß der Projektion aus dem Alltag: Eine selbstunsichere Person glaubt schnell, wenn in ihrer Umgebung gelacht wird, man lache über sie. Oder: Eine Lehrerin berichtete mir, daß ihre Schüler häufig glaubten, sie möge sie wegen ihrer schlechten Schulleistungen nicht mehr, wenn sie aus einem ganz anderen Grund einmal besonders ernst schaute. Je weniger der Klient den Therapeuten dabei als Mensch kennt, desto mehr wird er auf ihn »projizieren«, was wertvolle Aufschlüsse über ihn gibt.

In der analytischen Situation berichtet der Klient also alles, was ihm in den Sinn kommt, und erlebt dabei unweigerlich vielerlei auf den Analytiker projizierte Gefühle. Besonders wenn es um peinliche oder um für die Symptomatik des Klienten relevante Inhalte geht, sind diese Projektionen diagnostisch und therapeutisch von großer Bedeutung. Im analytischen Prozeß sollen über einen langen Zeitraum hinweg und besonders tiefgreifend Gefühlskomplexe beim Analysanden bewältigt werden, indem er sie in der »korrektiven Übertragungsbeziehung« zum Therapeuten noch einmal durchlebt. Die Beziehung ist hier also das Vehikel von Diagnose und Therapie.

Stärken der Psychoanalyse liegen vor allem im Aufdecken der Ursachen einer Störung, also in dem, was Klaus Grawe die »Erklärungsdimension« der Psychotherapie nennt. Dieses Aufspüren der Herkunft einer Störung ist für das Selbstverständnis des Klienten von großer Bedeutung, der oftmals wegen seiner Unfähigkeit, sich selbst und seine Symptome zu verstehen, ziemlich demoralisiert ist. Doch trotz der zeitlichen Intensität einer Psychoanalyse darf man nicht übersehen, daß tiefenpsychologische Erklärungsansätze nicht »tiefer« gehen oder als »richtiger« gelten können als andere therapeutische Erklärungen.

Die psychoanalytische Denkweise ist, wissenschaftshistorisch gesehen, ein Produkt der Aufklärung. Dies zeigt sich vor allem an der ihr zugrundeliegenden Überzeugung, daß man jeden Mechanismus – und Freud spricht vom »psychischen Apparat« – manipulieren könne, wenn man nur dessen kausale Zusammenhänge verstehe.

Freilich ist die heutige Psychoanalyse wesentlich verändert und verbessert, und eine Kritik an ihren klassischen Ansätzen ist ebenso verfehlt wie eine Kritik an der ursprünglichen Verhaltenstherapie. Festzustellen bleibt lediglich, daß eine tiefenpsychologische oder psychoanalytische Behandlung keineswegs »tiefer« geht als eine andere.

Das verhaltenstherapeutische Veränderungsmodell

Jedes der bislang dargestellten Veränderungsmodelle oder Elemente daraus, ja sämtliche therapeutischen Methoden oder psychologischen Erkenntnisse – egal, auf welche »Therapieschule« diese zurückgehen – können von einem Verhaltenstherapeuten aufgegriffen und angewendet werden, wenn sie der jeweiligen Therapie dienlich erscheinen. Voraussetzung ist, daß der Verhaltenstherapeut breit genug ausgebildet, erfahren und zudem in der Lage ist, über seinen Tellerrand hinauszublicken. Doch welche Hypothesen über die Probleme und Verhaltensweisen eines Klienten er auch immer in Erwägung zieht, eines ist entscheidend: Ein Verhaltenstherapeut wird seine Annahmen immer so formulieren, daß sie prinzipiell empirisch – also durch Erfahrung bzw. Beobachtung tatsächlicher Ereignisse – überprüfbar sind. Der Schwerpunkt der Betrachtung liegt im Hier und Jetzt.

Habe ich z. B. aufgrund meiner bisherigen Erfahrungen mit einem Klienten die Hypothese, er versuche eine vorhandene Körperbehinderung durch besondere Leistungen in einem anderen Bereich überzukompensieren, so werde ich entsprechende

Erwartungen formulieren und beobachten – oder den Klienten selbst zur Beobachtung anregen –, ob diese Vorhersagen, die meine Hypothese stützen, auch eintreten. Daraufhin kann etwa deutlich werden, daß der Klient sich tatsächlich immer dann am meisten in seine Arbeit stürzt, wenn er mit Einschränkungen oder Ablehnungen wegen seiner Behinderung konfrontiert wurde oder dies zumindest so erlebt hat. Die Hypothese hier ist zwar die psychoanalytische These der Überkompensation einer Organminderwertigkeit, die auf Alfred Adler zurückgeht. Die Art ihres Einbezuges in die Therapie ist aber verhaltenstherapeutisch.

Eine weitere Veranschaulichung dieser Vorgehensweise bietet der Fall eines Klienten, der mich im Therapieprozeß ständig entwertend kritisiert und dem meine Verletztheit offenbar Befriedigung verschafft. Hier kann ich meine eigenen Empfindungen zum Diagnostikinstrument machen, vorausgesetzt, ich kann unterscheiden, ob meine Reaktionen möglicherweise aufgrund meiner eigenen Verarbeitungsprobleme auftreten oder wirklich Auskunft über das Interaktionsverhalten des Klienten geben. Auch hier werde ich meine Hypothese in Form überprüfbarer Voraussagen formulieren.

Nach dem psychoanalytischen Konzept der »projektiven Identifikation« bringt ein Mensch einen anderen in die gleiche Gefühlsverfassung, in die er selbst während einer verletzbaren Entwicklungsphase durch eine wichtige Bezugsperson gebracht wurde, ohne dies jedoch verarbeiten zu können. Er tut dies, weil er die damit verbundenen Gefühle selbst nicht mehr voll erleben kann, da er sie damals als zu intensiv und schmerzlich »verdrängen« mußte. Erlebt der andere nun dieselben Gefühle, kann er zumindest als »Voyeur« daran teilhaben.

In diesem Fall wäre also zu erwarten, daß der Klient sich erst dann zufrieden zeigt, wenn ich so reagiere, wie er es intendiert. Falls ich Gleichgültigkeit mime, wird er seine Bemühungen intensivieren.

Spekulative Thesen über die Kindheit spielen in der Verhaltenstherapie eine untergeordnete Rolle, und Kindheitserlebnisse werden nicht als alleinige Faktoren bei der Entstehung einer bestimmten Symptomatik betrachtet. Der Blick ist immer nach vorne gerichtet und auf konkretes Verhalten bezogen. Wie beim Schachspiel geht es weniger darum, wie es dazu kam, daß die Figuren so stehen, wie sie gerade stehen, sondern um den nächsten Zug. Die Grundhaltung ist pragmatisch und alltagsnah.

Auch gilt das Prinzip der »minimalen Intervention«: Der Therapeut soll so wenig wie möglich, aber so viel wie nötig intervenieren. Abhängigkeit vom Therapeuten oder Übertragungsbeziehungen sollen möglichst vermieden oder wenigstens nicht gefördert werden.

Ein Verhaltenstherapeut geht davon aus, daß Probleme auch da angegangen werden können, wo sie auftreten. Er regt den Klienten an, zwischen den Sitzungen Übungen durchzuführen oder »Hausaufgaben« zu erledigen, deren Resultate in der Therapie dann aufgearbeitet werden. So kann etwa der Klient, der Angst vor seinem Chef hat, diese Angst auch gegenüber seinem real existierenden Chef bearbeiten und muß nicht erst in eine Übertragungsbeziehung mit dem Therapeuten eintreten und eine neurotische Angst vor diesem aufbauen.

Das zugrundeliegende Veränderungsmodell in der Verhaltenstherapie besteht also in einem »Verlernen« alter Einstellungen und Verhaltensgewohnheiten und in einem Neuentwickeln und Einüben von zielführenderen Einstellungen und Handlungen.

Therapeut und Klient arbeiten dabei im Sinne eines »kooperativen Empirismus« zusammen. Dies meint, daß zunächst gemeinsam Informationen über die Ausgangssituation gesammelt werden. Dabei arbeitet der Klient aktiv mit: Er beobachtet eigenes Verhalten und Erleben in Realsituation selbst und protokolliert dies gegebenenfalls. So werden empirische, konkrete Fakten zusammengetragen. Daraus leiten beide Partner gemeinsam Hypothesen ab, wobei der Therapeut dem Klienten sein Fachwissen zur Verfügung stellt. In einem hypothesengeleiteten Vorgehen werden diese Annahmen anschließend in der Realität überprüft. Meint ein Klient etwa, das Ausmaß seiner Redeangst hänge allein von der Anzahl der Zuhörer ab, so entdeckt er vielleicht bei der Selbstbeobachtung, daß deren Geschlecht oder sozialer Status auch eine entscheidende Rolle spielen. Entsprechend werden nun die teilweise vielleicht falschen Hyphothesen im Sinne einer ständigen »ergebnisabhängigen Optimierung« verändert.

Im verhaltenstherapeutischen Änderungsprozeß beobachtet sich der Klient bewußt, er stellt dabei alte Einstellungen in Frage und macht neue Erfahrungen mit sich und seiner sozialen Umwelt. Er sieht vielleicht erstmals seinen Eigenanteil an Problemen, erkennt aber gleichzeitig sein Potential, Änderungen an seiner Lage herbeizuführen.

Zunächst also werden alte Konzepte und Sichtweisen verändert. Der Klient bekommt allmählich einen Begriff davon, wie er denken und sich verhalten müßte, damit es ihm besser geht. Dies ist die ausgesprochen schwierige Phase der »kognitiv-emotiven Dissonanz«: Der Klient denkt zwar schon »gesünder«, handelt und fühlt aber noch wie eh und jeh. Und hier ist die stützende Beziehung zum Therapeuten von großer Bedeutung. Der Klient muß ihm so sehr vertrauen und soviel Stärkung durch ihn erleben, daß er den Sprung ins kalte Wasser der neuen Verhaltensweisen wagt.

In dieser Therapiephase, in der der Klient sich die neuen Verhaltensweisen aneignet, treten oft starke aversive Gefühle wie Angst, Wut oder Trauer auf. Eine Zeitlang muß er die neuen Verhaltensweisen noch bewußt und kontrolliert aufrechterhalten, dann sind sie automatisiert und fester Bestandteil seines Verhaltensrepertoires. Der Klient hat dann seine Energie wieder für andere Dinge zur Verfügung und braucht sein verändertes Verhalten nicht mehr bewußt zu kontrollieren. Der Änderungsprozeß ist vollendet.

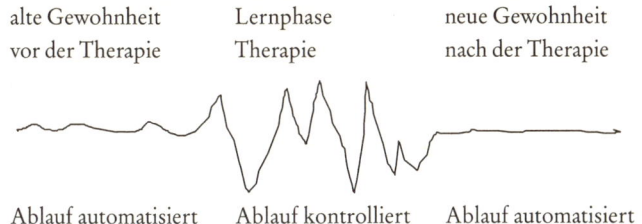

| alte Gewohnheit | Lernphase | neue Gewohnheit |
| vor der Therapie | Therapie | nach der Therapie |

| Ablauf automatisiert | Ablauf kontrolliert | Ablauf automatisiert |

Abb. 2: Verhaltensfluktuationen während einer Verhaltenstherapie: Während der Phase der kognitiv-emotiven Dissonanz treten gewöhnlich stärkere Verhaltensfluktuationen auf, danach ist das neue Verhalten wieder ebenso konstant wie vorher das Problemverhalten (Abb. in Anlehnung an Kanfer, Reinecker und Schmelzer 1991, S. 29).

Wenn Sie sich noch einmal das gestalttherapeutische Veränderungsmodell vergegenwärtigen, so erkennen Sie, daß von ganz ähnlichem die Rede ist, wenn auch die beteiligten Prozesse unterschiedlich beschrieben sind:

Der Verhaltenstherapeut verhilft dem Klienten zunächst zur Wahrnehmung des »Eigenanteils« an seiner Problematik. So tritt der Klient aus der »Stagnationsphase« und in die »Polarisationsphase«. Er nimmt also die Problemursache nicht mehr nur außerhalb seiner Person wahr. Anschließend werden im Rahmen einer »kognitiven Umstrukturierung« alte Einstellungen und Überzeugungen in Frage gestellt. Der Gestalttherapeut nennt dies »Diffusionsphase«. Wenn sich der Klient auf diesen bisweilen schmerzhaften Prozeß einläßt, verliert er vorübergehend den Boden unter den Füßen. Immerhin stellt er die Grundeinstellungen, die bisher sein Leben bestimmten – sozusagen sein »psychisches Skelett« –, in Frage und hat noch keine neuen Grundüberzeugungen an deren Stelle gesetzt.

Die in der Verhaltenstherapie sogenannte »kognitiv-emotive Dissonanzphase« findet ihre Entsprechung in der gestalttherapeutischen »Kontraktionsphase«: »Kontraktive« Ängste, also die Gefühle, die für die Einhaltung der früh gelernten Grundüberzeugungen sorgen, stehen dem »expansiven« Wunsch gegenüber, bisher unterdrückte, »verbotene« (d.h. mit dem Selbstbild nicht in Übereinstimmung zu bringende) Verhaltensimpulse auszuleben. Und schließlich stehen wieder alle Energien zur Auseinandersetzung mit der Außenwelt zur Verfügung.

Auf dem Wege der Veränderung werden jedoch von Gestalttherapie bzw. Verhaltenstherapie je unterschiedliche Techniken angewandt. Die beiden Therapieverfahren sind also durchaus nicht austauschbar oder auch nur direkt vergleichbar.

Nach meiner Erfahrung gehen psychotherapeutische Veränderungsprozesse generell sehr langsam und mühsam vonstatten. Wie in anderen Lebensbereichen auch kann man sogar sagen, daß die erreichten Veränderungen oftmals um so stabiler sind, je langsamer und in je kleineren Schritten sie erreicht wurden. Es verhält sich hier etwa wie im Bereich Gewichtsreduktion: Wer schnell viele Pfunde verliert, läuft Gefahr, dem sogenannten »Jojo-Effekt« zum Opfer zu fallen, und er wird ebenso schnell wieder zunehmen, wie er abgenommen hat.

Leider sind für uns Menschen kurzfristige Belohnungen und die kurzfristige Vermeidung unangenehmer Dinge viel bedeutsamer und vor allem verhaltenssteuernder als langfristige Ziele. Und dies macht die Arbeit an Verhaltensänderungen so schwierig und unangenehm. Dennoch lohnt sich die Mühe – allerdings oft erst auf lange Sicht.

1. Schritt:
Ihr persönlicher Veränderungsprozeß

Die Beziehung

Wenn wir zwei Menschen sehen, die miteinander sprechen, erkennen wir in der Regel sofort, ob sich die beiden fremd sind
oder ob eine Beziehung zwischen ihnen besteht. Dazu brauchen
wir gar nicht erst zu hören, was die beiden gerade miteinander
reden. Wenn Sie an Ihrem Fernsehgerät den Ton abdrehen, können Sie diesen Sachverhalt gut beobachten.

Wenn Sie einmal innehalten und Ihre Aufmerksamkeit auf
sich selbst lenken, spüren Sie deutlich, ob Sie gerade mit sich eins
oder identisch sind oder ob Sie »neben sich« stehen, keinen
Bezug zu sich selbst haben. Oder wenn Sie an unterschiedliche
Phasen Ihres Lebens zurückdenken, werden Sie solche Phasen
erinnern, in denen Ihr Fühlen, Denken und Handeln in Einklang waren, und andere Phasen, in denen Sie sich anders gaben,
als Sie sich in Ihrem Innern eigentlich fühlten.

Sind Sie heute die Person, die Sie als Kind sein wollten? Wann
stehen Sie mehr in Beziehung zu sich selbst, wann weniger?
Wann oder bei welchen Tätigkeiten »spüren« Sie sich selbst,
wann sind Sie mit sich »in Berührung«?

Viele Forschungsergebnisse zeigen: Wenn wir seelisch wachsen wollen, wenn wir uns ändern wollen, ist Beziehung eine der
wesentlichen Voraussetzungen dafür. Wer »neben sich« steht
und keine emotionale Bindung zu anderen hat, hat denkbar
schlechte Voraussetzungen für eine seelische Veränderung oder
inneres Wachstum. Man braucht dafür eine emotionale Beziehung zu einem anderen Menschen, einem Freund oder Liebespartner, oder zumindest eine intensive Beziehung zu sich
selbst.

Auf den Gestalttherapeuten Fritz Perls geht das Zitat »loose your mind and come to your senses« (»Verliere deinen Verstand und komm zu deinen wahren Empfindungen!«) zurück. Auch die Beziehung zu sich selbst kann nicht über den Verstand allein aufgebaut werden. Zunächst einmal benötigt man dafür ein wenig Zeit und Interesse an seinem »Gegenüber«.

Wenn Sie mehr und besser mit sich selbst in Beziehung kommen wollen, dann können Sie Zeit und Interesse als »beziehungsstiftende Handlungen« auch auf sich selbst anwenden: Nehmen Sie sich also Zeit für sich, und seien Sie grundsätzlich bereit, sich mit allen Stärken und Schwächen bedingungslos zu akzeptieren. Akzeptieren heißt nicht, alles an sich zu mögen – es bedeutet lediglich, zu versuchen, die Dinge so zu sehen, wie sie sind, ohne sie voreilig als gut oder schlecht zu bewerten.

Achten Sie auch einmal darauf, ob Sie sich wegen Ihrer Probleme selbst Vorwürfe machen, so als dürften Sie keine haben. Wenn Sie dies tun, machen Sie aus Ihren Problemen noch mehr Probleme im Sinne des bereits besprochenen Symptomstresses. Außerdem können Sie kein Problem wirkungsvoll angehen, solange Sie sich darüber aufregen, daß Sie es überhaupt haben. Immerhin wollen Sie sich ja ändern und die Fehler, für die Sie sich selbst anklagen, verringern. Und »tätige Reue« – es in Zukunft also besser machen zu wollen – ist allemal sinnvoller als destruktive Selbstbezichtigung.

Darüber hinaus ist, wenn Sie sich selbst wegen Ihrer »Unzulänglichkeiten« ablehnen, die Gefahr groß, daß Sie versuchen, vor sich selbst zu fliehen. Auch dies können Sie leicht an sich selbst beobachten: Vielleicht bemerken Sie, wenn Sie sich einmal selbst näher in Augenschein nehmen, daß Sie häufig viel Alkohol trinken, um sich nicht mehr zu spüren. Oder vielleicht stürzen Sie sich jede freie Minute in – manchmal unnötige – Aktivitäten, Zerstreuungen, Glücksspiele oder Liebesabenteuer. Wenn Sie dieses oder ähnliches bei sich wahrnehmen, ist das ein Hinweis, daß Sie zur Zeit nicht sehr stark mit sich selbst in Beziehung stehen.

Folgende Fragen können Ihnen bei Ihrer Selbstbeobachtung hilfreich sein: Fühle ich mich eins mit mir selbst? Stehen mein Denken, Fühlen und Handeln in Einklang? Spüre ich mich selbst, und bei welchen Tätigkeiten besonders, bei welchen nur wenig?

Die Existentialphilosophen betonen, daß jeder letztlich existentiell allein ist auf dieser Welt. Und sie führen weiter aus, daß Menschen zwar in Beziehungen zueinander stehen können, daß diese aber ihren Preis haben. Sogar die Beziehung zu sich selbst – so möchte ich diesen Gedanken noch erweitern – ist nicht ohne ein wenig Aufwand zu erreichen. Sie brauchen pro Woche einige Stunden freie Zeit, und Sie müssen sich vorübergehend auf eine etwas unangenehme, anstrengende Auseinandersetzung mit sich selbst einstellen. Langfristig werden Sie jedoch leichter und befriedigender leben.

Wenn Sie dabei die Hilfe eines Verhaltenstherapeuten in Anspruch nehmen, so ist Ihnen auf jeden Fall der »Trostpreis« sicher – sogar dann, wenn Sie sich nicht ändern: einige Sitzungen lang Zuwendung. Den Hauptpreis eines künftig zufriedeneren Lebens kann Ihnen kein anderer beschaffen – das können nur Sie selbst tun – und: er ist hart erarbeitet.

Auch im therapeutischen Veränderungsprozeß gilt es zunächst, eine Beziehung zwischen Therapeut und Klient herzustellen.

Dementsprechend wird Ihr Verhaltenstherapeut die ersten Sitzungen vorwiegend dem Aufbau einer gut funktionierenden zwischenmenschlichen Beziehung widmen. Und auch Sie sollten sich klarwerden, ob Sie mit diesem Therapeuten arbeiten können. Falls nicht, sollten Sie Probesitzungen bei einem anderen machen. Bei jedem kassenanerkannten Psychotherapeuten dürfen Sie bis zu fünf Probesitzungen absolvieren, bevor Sie sich entscheiden müssen, ob Sie zusammen mit diesem Therapeuten einen Therapieantrag an Ihre Krankenkasse stellen wollen.

Zu Beginn der Therapie haben Sie also den Vortritt: Ihr Therapeut wird ganz offen für Sie sein, und er wird Ihnen Raum geben, sich einfach so zu zeigen, wie Sie sind. Er wird Sie nach Möglichkeit bedingungslos akzeptieren und wertschätzen. In seinem Beziehungsverhalten wird er sich Ihnen zunächst anpassen und Sie da »abholen«, wo Sie gerade stehen. Vielleicht wird er sich sogar in Wortwahl, Körperhaltung und Bewegungen an Sie angleichen, damit er sich um so besser in Sie einfühlen kann. Auch wird er die gesamte Situation so gestalten, daß Sie sich ganz auf sich selbst konzentrieren und in sich »hineinschauen« können. Er wird Sie grundsätzlich mit all Ihren Problemen und »Fehlern« annehmen.

Ebenso wird er in den ersten Sitzungen damit beginnen, die Rollen von Therapeut und Klient implizit zu verdeutlichen. Schließlich ist die Psychotherapie kein regelloses und zufälliges Geschehen. Der Therapeut hat spezifische Aufgaben in diesem Prozeß, deren adäquate Realisierung Ihnen die Veränderung erleichtern soll. Insgesamt soll er als eine Art Verbündeter professionelle Hilfe zur Selbsthilfe leisten.

Von Anfang an wird er deshalb klarstellen, daß es sich bei der Beziehung um eine zielorientierte Arbeitsbeziehung handelt, in der das Erleben und Verhalten des Klienten im Mittelpunkt stehen. Dabei wird er versuchen, Sie immer wieder zu Änderungen anzuregen im Sinne einer »instigation therapy« (»Anregungstherapie«), wie der Verhaltenstherapeut Fred Kanfer dies nennt. Er wird Sie also nicht für sein Stundenhonorar »bedienen«. Denn der Therapeut ist kein Dienstleister, der dafür Sorge zu tragen hat, daß die therapeutische Arbeit schnell und angenehm »über die Bühne geht«. Er wird zwar die Verantwortung für den fachlich korrekten Ablauf der Therapie übernehmen, nicht aber für den Klienten und dessen Handeln. Auch sollten Sie sich bei einer therapeutischen Beziehung von der Erwartung eines Freundschaftsersatzes lösen. Desgleichen sind Höflichkeitsfloskeln in einer Therapie fehl am Platz.

Da in dieser Arbeitsbeziehung der Klient im Mittelpunkt steht, wird der Therapeut nicht viel über sich selbst erzählen und eigene Motive und Interessen im Hintergrund halten. Er wird vor allem bemüht sein, Sie zu verstehen. Auch Sie sollten dies zunächst versuchen, statt vorschnell auf Veränderungen hinzuarbeiten. Allerdings wird Ihr Verhaltenstherapeut von Anfang an kleinere Aufgaben und Anforderungen an Ihre Mitarbeit stellen.

Seine Aufgabe ist es allerdings, Ihnen als Modell für Bewältigungsverhalten zu dienen und etwa die Anwendung der sechs Denkregeln – die so wichtig sind, daß wir sie noch öfter ansprechen werden – vorzuleben. Denn ein Denken, das sich an diesen Regeln orientiert, fördert ein effektives Bewältigungsverhalten.

- Denk positiv!
- Denk in kleinen Schritten!
- Denk verhaltensnah!
- Denk zukunftsorientiert!
- Denk flexibel!
- Denk (problem-)lösungsorientiert!

Aber auch Sie als Klient müssen für die Therapie einige Voraussetzungen mitbringen. Absolute Grundvoraussetzung ist, daß Sie kein grobes selbst- oder therapieschädigendes Verhalten zeigen: Sie dürfen nicht akut selbstmordgefährdet sein, müssen die Termine einhalten sowie etwaige »Hausaufgaben« und Vereinbarungen befolgen. Mit anderen Worten, Sie übernehmen die Verantwortung für sich selbst, sind kooperativ und offen. Eine weitere Grundvoraussetzung ist, daß Sie sich, wie gesagt, darüber im klaren sind, daß es sich bei der Beziehung zu Ihrem Therapeuten um eine Arbeitsbeziehung handelt.

Grundsätzlich müssen Sie für die Therapie – und auch zwischen den Sitzungen – wöchentlich einige Stunden Zeit investieren. Sie sollten ferner prinzipiell bereit sein, Veränderungen zuzulassen, und bereit dazu, eine Prüfung Ihrer Einstellungen und Sichtweisen an der Realität zu akzeptieren.

Selbstverständlich haben Sie auch Rechte: Sie haben das Recht auf »Widerstand«, also darauf, sich den Vorstellungen und Anregungen des Therapeuten zu widersetzen. Im Extremfall können Sie sogar jederzeit die Therapie abbrechen. Wenn Sie das Verhalten Ihres Therapeuten einmal nicht verstehen, fragen Sie einfach nach: Verhaltenstherapeuten streben eine hohe Transparenz ihres Vorgehens an, so daß jede ihrer Handlungen prinzipiell erklärbar sein sollte. Außerdem müssen Sie sich kein Blatt vor den Mund nehmen. In der Therapie gibt es nichts, was Sie nicht äußern dürften. Auch bei »unpassenden Bemerkungen« verhält sich der Therapeut ausgesprochen tolerant und verzichtet auf die üblichen sozialen Sanktionen.

Die Forschungsergebnisse über die Relevanz einer guten therapeutischen Beziehung in den ersten Sitzungen für den Erfolg einer Therapie sind so zahlreich und eindeutig wie selten ein Befund in der Psychotherapieforschung. Es hängt also viel davon ab, eine tragfähige, gute therapeutische Beziehung zu Therapiebeginn zu realisieren.

Woran erkennen Sie nun eine solche gute therapeutische Beziehung? Wichtig ist vor allem, daß Sie den Eindruck haben, daß Ihr Therapeut Sie angemessen begleitet und unterstützt bei Ihren Änderungsbemühungen, und daß Sie Vertrauen zu ihm haben. So viel Vertrauen, daß Sie auch alles sagen können. Weiterhin ist das Gefühl, akzeptiert und wertgeschätzt zu werden, von größter Bedeutung. In einer guten Verhaltenstherapie wird der Therapeut weiterhin versuchen, Sie in Ihrer Welt- und Problemsicht zu verstehen. Er wird sein eigenes Vorgehen erklären und zielführendes Verhalten Ihrerseits loben.

Er wird Sie davon überzeugen, daß es in Ihrem Interesse liegt, eine aktive »Komplementärrolle« im Therapiegeschehen einzunehmen, vergeichbar der eines Sportlers gegenüber seinem Trainer. Und in dieser Rollenklärung kommt es manchmal zu Schwierigkeiten: Soziale Rollen können grundsätzlich komplementär oder aber symmetrisch sein. Komplementärrollen sind zum Beispiel Lehrer-Schüler-Rolle, Arzt-Patienten-Rolle, Vater-Sohn-Rolle. Hier spielt der eine eindeutig die dominante, tonangebende Rolle, und der andere akzeptiert dies.

Ein Beispiel für komplementäres und symmetrisches Rollenverhalten: Sitze ich in einem Restaurant, und ein anderer Gast beginnt neben mir zu rauchen, könnte ich mit angewiderter Miene und in barschem Ton sagen: »Es stinkt hier!« Meine Selbstdefinition in diesem Fall wäre die des dominaten Interaktionspartners, der zu bestimmen hat. Der andere kann nun meine Selbstdefinition annehmen, indem er einlenkt und meinem indirekten Appell, das Rauchen einzustellen, Folge leistet oder indem er zu schlichten versucht, etwa durch eine Entschuldigung. Er würde dann die komplementäre Rolle als Selbstdefinition übernehmen. Oder er kann selbst die dominante Rolle beanspruchen, indem er deutlich macht, daß er meine Erlaubnis zum Rauchen nicht braucht. Dies ist eine symmetrische Rollenstruktur.

In einem solchen Fall kann es nun leicht zu einer sogenannten »symmetrischen Eskalation« kommen, bei der beide die dominante Rolle anstreben, aber nicht erreichen können. Ein Streit zeichnet sich also ab. Symmetrische Eskalationen sind aber meist unproduktiv. Es ist, als ob einer von zweien, die im selben Boot sitzen, sich über den Bootsrand lehnt, so daß der andere gezwungen ist, sich auf der anderen Seite hinauszulehnen, damit das Boot nicht kentert. Beide verschwenden dabei viel Energie und erreichen nur, daß sie nicht kippen, was sie leichter dadurch erreichen, daß sie einfach gemütlich sitzen bleiben.

Zu solchen symmetrischen Eskalationen kann es auch im therapeutischen Setting kommen, wenn der Klient die Expertenrolle des Therapeuten nicht akzeptiert und wenn er, obwohl er mit dem Auftrag gekommen ist, Unterstützung bei seinen Änderungsbemühungen zu erhalten, sich der Führung nicht anvertrauen will. Diese Situation ist das, was man üblicherweise »Widerstand« nennt.

Von Anfang an verfolgt der Therapeut im Umgang mit seinem Klienten zwei Grundziele, die nicht immer leicht unter einen Hut zu bringen sind: Er versucht, eine möglichst gute zwischenmenschliche Beziehung zu ihm aufzubauen und aufrechtzuerhalten und gleichzeitig die Verhaltensänderung zu fördern. Der Therapeut muß also versuchen, einerseits verständnisvoll, partnerzentriert, stützend und andererseits fordernd, aufgabenorientiert und aktivierend zu wirken. Dies wird häufig als »Doppelagentenrolle« des Therapeuten bezeichnet. Dieses Bild trifft den Sachverhalt sehr gut, da der Therapeut ja wirklich wie ein Agent in die Welt des Klienten und in seine »internen Bezugssysteme« eindringen und sich in ihn einfühlen muß. Nur so kann er ihn verstehen. Gleichzeitig muß er aber quasi »mit dem anderen Bein« in der äußeren, objektiven Wirklichkeit bleiben, sonst kann er dem Klienten nicht zu einer besseren Realitätsanpassung verhelfen.

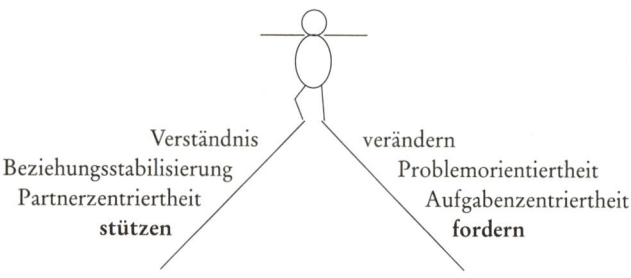

Verständnis   verändern
Beziehungsstabilisierung   Problemorientiertheit
Partnerzentriertheit   Aufgabenzentriertheit
stützen   **fordern**

Wenn Sie selbst Ihren Veränderungsprozeß vorantreiben wollen, sollten Sie diesen Spagat auch versuchen, wenn Ihre Änderungsbemühungen langfristig erfolgreich sein sollen. Dies bedeutet, daß Sie sich durchaus fordern sollen – aber nicht überfordern.

Machen Sie nicht den Fehler, zuviel des Guten in möglichst kurzer Zeit umsetzen zu wollen. Oft entsteht dann der sogenannte »Jojo-Effekt«, bei dem großen Fortschritten meist noch größere Rückschritte folgen. Je kleiner die Veränderungsschritte sind und je mehr sich das gesamte Leben über einen längeren Zeitraum verändert, desto stabiler sind Veränderungen im allgemeinen. Es ist fast schon ein Gesetz, daß Veränderungen nur dann stabil sind, wenn sie möglichst langsam und stetig in kleinen Schritten erfolgen.

Und – ganz wichtig! – vergessen Sie nicht, sich auch zu belohnen und sich häufig und bewußt etwas Gutes zu tun, um die Waage zu halten zwischen stützendem und forderndem Umgang mit sich und Ihren Problemen.

Die Eigenaktivität

> Es gibt nichts Gutes, außer man tut es!
> *Erich Kästner*

An dieser Stelle berühren wir einen Bereich, der von Fachleuten als das »Initialparadoxon« der Psychotherapie bezeichnet wird. Die auf den ersten Blick scheinbar widersinnige Ausgangssituation vieler Psychotherapien besteht darin, daß der Klient in der Regel mit dem Wunsch zum Therapeuten kommt, dieser möge seine Probleme lösen oder zumindest erleichtern helfen. Der Psychotherapeut kann aber den Klienten nicht »heilen« oder ihn mit einer geschwinden Operation von seinen Schmerzen befreien, wie man dies etwa von einem Chirurgen erwartet, der einen entzündeten Blinddarm entfernt.

Genaugenommen kann der Psychotherapeut nur Hilfe zur Selbsthilfe bieten. Er kann Anregungen geben und sein Fachwissen und seine Erfahrung dem Klienten zur Verfügung stellen. Die Probleme stellvertretend für den Klienten lösen kann er aber nicht!

Nachdem die ersten Sitzungen vorwiegend unstrukturiert verlaufen sind und dem zwanglosen Sich-Kennenlernen gedient haben, ohne daß der Therapeut wesentlichen Einfluß auf das Verhalten des Klienten genommen hat, verläuft das Geschehen im weiteren strukturierter.

Beobachten wir die Interaktionen zwischen einem Beispielklienten und einem Beispieltherapeuten in dieser Phase des Therapiegeschehens.

Der anfangs demoralisierte Klient sieht kein Licht mehr am Ende des Tunnels. In seiner emotionalen Betroffenheit ist er nicht in der Lage, selbst naheliegende Lösungsansätze wahrzunehmen und zu nutzen. (Fachleute sprechen in diesem Zusammenhang vom »Scheuklappen-Phänomen«.) Der Therapeut reagiert darauf, indem er mit seiner ganzen Haltung Zuversicht und Hoffnung vermittelt. Wenn er der Konfrontation mit den Problemen des Klienten ruhig standhält und ihm die Problembewältigung offensichtlich zutraut, beginnt auch der Klient langsam, wieder mehr an sich selbst und an die Lösbarkeit seiner Probleme zu glauben.

Äußerungen von Hilflosigkeit und Hoffnungslosigkeit ignoriert der Therapeut tunlichst, verstärkt aber gleichzeitig alle noch so kleinen Ansätze zu Lösungsschritten, indem er intensiv darauf eingeht.

Besonders wichtig in dieser Phase der Therapie aber ist, daß der Klient von Anfang an eigene Anstrengungen zur Lösung seines Problems unternimmt, wozu ihn der Therapeut explizit ermutigt und auffordert. Von Anfang an sollte zwischen beiden Klarheit darüber herrschen, daß der Klient entscheidend am Therapieverlauf mitwirkt und daß Zuwendung des Therapeuten alleine ihn auf Dauer nicht weiterbringt. Die »Kunst« des Therapeuten besteht hier darin, dem Klienten im Gespräch immer wieder den Ball, den dieser ihm zuwirft, geschickt zurückzuspielen. Versucht der Klient beispielsweise mit dem Appell: »Herr Therapeut, Sie müssen mir helfen, denn es geht mir so schlecht!«, den Therapeuten in die klassische Arztrolle zu manövrieren, der eine Krankheit ohne Zutun des Kranken heilen soll, so kann der Therapeut antworten: »Gerne will ich Ihnen dabei helfen herauszufinden, was Sie tun können, damit es Ihnen bessergeht!«

Der Therapeut wird dem Klienten von Anfang an Hausaufgaben aufgeben, welche entweder der Informationssammlung dienen und/oder bereits kleine Verhaltensänderungen anpeilen. So bittet er etwa einen ängstlichen Menschen, darauf zu achten, wann seine Ängste besonders stark auftreten, oder diese Ängste einmal gezielt zu provozieren. Der Klient soll nun auf seine Gedanken vor, während und nach der problematischen Situation achten (»geleitete Selbstbeobachtung«) und bis zur nächsten Sitzung ein Protokoll darüber führen, das als Basis für weitere Gespräche dient. Auch das Einarbeiten in psychologische Themen kann als Hausaufgabe vereinbart werden: mit Hilfe von Selbsthilfebüchern oder Sachbüchern zu jeweils geeigneten Themen, etwa Schlafstörungen, Angst, Depressionen etc.

Während der Sitzungen vermittelt der Therapeut die grundlegenden Rahmenkonzepte der »Hypothesengeleitetheit« und des »ergebnisabhängigen Optimierens«. Dies meint im wesentlichen, daß Klient und Therapeut gemeinsam Annahmen über die Ursachen und Aufrechterhaltung der Problematik des Klienten aufstellen und diese anschließend durch konkrete, gezielte Handlungen überprüfen. Vom Ergebnis der Überprüfungen hängt dann die weitere Ausarbeitung der Annahmen ab.

Beispielsweise gehen Therapeut und Klient im Fall sozialer Ängste des Klienten vielleicht davon aus, daß das Ausmaß der Ängste vor allem von der Anzahl der anwesenden Personen oder von anderen Merkmalen der Auslösesituation abhängt. Als Hausaufgabe setzt sich der Klient dann aus diagnostischen Gründen gezielt solchen Situationen aus. Und er stellt dabei fest, daß die äußere Situation nicht der entscheidende Faktor ist, da manchmal die Angst groß ist, obwohl die Situation eher wenig bedrohlich zu sein scheint, und daß umgekehrt in vermeintlich bedrohlicheren sozialen Situationen kaum Angst auftritt. Also müssen die zuvor aufgestellten Hypothesen gemeinsam mit dem Therapeuten verändert und dann erneut überprüft werden, bis die Verhaltenstests die vorhergesagten Effekte und somit die Hypothese bestätigen. In unserem Beispiel kann etwa die Angst stärker davon abhängen, wie relevant und wichtig die Meisterung einer bestimmten Situation für das vielleicht überzogen egomane Selbstbild des Klienten ist. Dadurch ergibt sich ein gänzlich anderer therapeutischer Fokus.

Führen Sie selbst einmal solch eine Selbstbeobachtungsphase durch und betrachten Sie sich in Problemsituationen bewußt »von außen« und möglichst objektiv. Richten Sie Ihre Aufmerksamkeit auf Ihre Gedanken, die Ihnen vor, während und nach schwierigen Situationen durch den Kopf gehen. Dies ist am Anfang gar nicht so leicht. Schließlich müssen Sie dabei die automatisierten Abläufe in Ihren Gedanken unterbrechen und eine gewisse Kontrolle über diese spontanen Abläufe ausüben, damit Sie sie bewußt erfassen und verstehen können.

Auch der Verhaltenstherapeut wird die Ergebnisse der Selbstbeobachtungen mit seinem Klienten durchsprechen, mit dem Ziel, ein umfassenderes Selbstverständnis zu erzeugen. Zudem wird er im Gespräch genauer auf bisher unhinterfragte Denk- und Sprechgewohnheiten seines Klienten achten. Sagt der Klient etwa: »Ich kann doch nicht nein sagen, wenn ein Kollege mich um etwas bittet«, so wird der Therapeut dieses »ich kann nicht« hinterfragen, bis dem Klienten klar wird, daß es eigentlich »ich **will** nicht« bedeutet, da er vielleicht Ablehnung befürchtet, wenn er die Erwartungen eines Kollegen enttäuscht.

Allerdings wird im derzeitigen Stadium der Therapie noch keine größere Diskussion über Detailthemen erfolgen, da der Schwerpunkt noch nicht auf konkreten Behandlungsmaßnahmen liegt. Jetzt geht es primär um den Aufbau einer Arbeitsbeziehung und um die Förderung der aktiven Mitarbeit des Klienten. Also wird der Therapeut für erste eigene Aktivitäten reichlich Lob spenden!

Ursachenforschung: unabänderliche Tatsachen, Beschwerden oder Probleme?

In der ersten Sitzung strukturiert der Therapeut den Erzählfluß des Klienten kaum. Schließlich geht es um ein erstes, zwangloses gegenseitiges Kennenlernen. Allerdings von der zweiten Sitzung an verschafft sich der Therapeut einen ersten Überblick über die Anliegen des Klienten. Es geht also nun darum herauszufinden, wo genau »der Schuh drückt«. Es beginnt der verhaltensdiagnostische Trichterprozeß.

Bei all dem, was der Klient an Schwierigkeiten nennt, überlegt der Therapeut, ob es sich um unabänderliche Tatsachen handelt oder um Beschwerden oder aber um echte Probleme, die allein mögliche Ansatzpunkte für die gemeinsame Arbeit sind.

Unabänderliche Tatsachen sind körperliche Gegebenheiten wie zum Beispiel das Lebensalter. Oder äußere Rahmenbedingungen wie etwa die Persönlichkeit des Beziehungspartners, des Chefs oder der Kollegen des Klienten. Daß die Ehefrau Raucherin ist oder der Chef Choleriker, sind Tatsachen, deren Änderung nicht in seiner Hand liegt.

Beschwerden sind allerlei Unbilden des Alltags, unangenehme Dinge, die man aber nicht ändern kann oder möglicherweise auch nicht ändern möchte. Über diffuse Allgemeinbeschwerden – wie sie jeder ab und zu hat –, Müdigkeit, das schlechte Wetter oder den miserablen Job wird gerne ausführlich geklagt, jedoch gibt es kaum Aussicht auf Einfluß- oder Änderungsmöglichkeiten. Sachverhalte, die prinzipiell nicht änderbar sind, nennen wir Tatsachen. Wenn Menschen darüber klagen – etwa über das Wetter, die Existenz von Stechmücken, Strafzetteln oder Gerichtsvollziehern –, so sind das Beschwerden. All diese Tatsachen und Beschwerden können nicht Thema der Therapie sein, und es ist wichtig, sich dies klarzumachen.

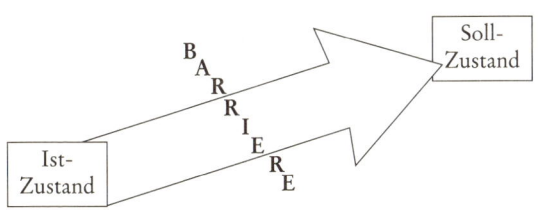

Therapierelevant sind lediglich Probleme, die man daran erkennt, daß es einen Ist-Zustand gibt, unter dem wir leiden, aber auch einen prinzipiell und realistisch zu erreichenden Zielzustand. Deshalb kann man sagen, ein Problem ist eine Ist-Soll-Diskrepanz.

Klient und Therapeut sichten nun in den ersten Sitzungen gemeinsam die wirklichen Probleme des Klienten. Daran ist dieser möglichst aktiv beteiligt. Er kann z. B. ein Problemtagebuch führen oder unter Anleitung des Therapeuten Selbstbeobachtung im Alltag durchführen und darüber Aufzeichnungen machen. Dabei achtet er bewußt darauf, wann und wo im Alltag Schwierigkeiten auftreten und wo er Unterstützung und Stärkung erfährt.

Gemeinsam besprechen Therapeut und Klient die jeweiligen Ergebnisse, unterscheiden Tatsachen, Beschwerden und Probleme und stellen erste Hypothesen auf, die wieder durch Selbstbeobachtung überprüft werden. Vielleicht lenkt der Therapeut die Aufmerksamkeit auf bisher unbeachtete Problemaspekte oder gibt andere Anregungen. Er erklärt bei jedem Schritt den Zweck, den er damit verfolgt, und macht sein Vorgehen weitestmöglich transparent. Im Zuge dieses therapeutischen Geschehens wachsen beide langsam zu einem Arbeitsteam zusammen.

Es entsteht ein erstes, vorläufiges Bild über die verschiedenen Probleme und ihre Einbettung in die Lebensumstände des Klienten: eine Art »Problemgemälde«.

Schon hier erfolgen erste Überlegungen darüber, bei welchem Problem es sich anbietet, mit der Änderungsarbeit zu beginnen. In Frage kommen Probleme, die den Klienten gravierend stören oder belasten, die prinzipiell gut änderbar erscheinen, zu deren Änderung der Klient motiviert ist und deren Bearbeitung möglichst günstige Änderungen in anderen Problemfeldern erwarten lassen.

Oft hängt die Lösbarkeit eines Problems bereits von der Formulierung der Problematik ab: Wenn ich als Problem formuliere, daß meine Nase krumm ist, so ist dies eine unabänderliche

Tatsache, und ich kann keine psychotherapeutische Hilfe erwarten. Wenn ich aber als Problem formuliere, daß ich emotional unter der Beschaffenheit meiner Nase leide und lernen will, selbst mit meiner krummen Nase glücklicher zu werden, ist ein psychotherapeutischer Erfolg denkbar. Schließlich geht es jetzt nicht mehr um eine physikalische Veränderung der Nase, sondern um eine Einstellungsänderung.

Wenn Sie für sich selbst herausfinden wollen, wo bei Ihnen »der Hase im Pfeffer liegt«, können Sie es einmal so versuchen: Nehmen Sie ein großes Blatt Papier und malen Sie gewissermaßen ein Bild Ihrer verschiedenen Probleme. Vielleicht stellen Sie sie als größere und kleinere Kreise dar, die Sie beschriften und mit Pfeilen verbinden. Dabei fallen Ihnen vielleicht andere Aspekte Ihrer Probleme auf oder mögliche Problemzusammenhänge, oder Sie erkennen mit einemmal deutlich, welche Aspekte überhaupt von Ihnen beeinflußt werden können und welche nicht.

Diese Vorarbeit sollten Sie leisten und sie nicht geringschätzen, denn sie ist oft wichtiger, als sie auf den ersten Blick scheint.

Machen Sie sich Ihre Erwartungen bewußt

Neben den genannten Arbeitsschwerpunkten in der Anfangsphase der Therapie achtet der Therapeut auf direkt oder indirekt geäußerte Erwartungen des Klienten an die Therapie und thematisiert diese, falls sie für die Behandlung hinderlich erscheinen. Beispielsweise ist es, wie bereits erwähnt, wenig zielführend, wenn der Klient von seinem Therapeuten erwartet, daß dieser ihn »behandelt« wie ein Arzt seinen Patienten. Ebenso nachteilig ist es, wenn der Klient in seinem Therapeuten einen »Guru« sieht oder einen »Freund«, der allein Zuwendung gibt. Manche Klienten suchen auch einen Pfarrer, der ihnen Absolution erteilt, oder einen Richter, der Öl auf die Flammen ihrer Selbstabwertungstendenz gießt. Auch gibt es den gar nicht so seltenen Fall, daß ein Klient nur eine Alibi-Behandlung sucht, um sich nicht wirklich ändern zu müssen, aber um sein Gewissen zu erleichtern nach dem Motto: Ich habe ja alles versucht, aber selbst der Verhaltenstherapeut kann mir nicht helfen …

Klienten wollen manchmal leiden und dies zeigen. Sie können nämlich damit herausstellen, wie übel ihnen von den Eltern, vom Partner oder von anderen Bezugspersonen mitgespielt wurde. Ihre Heilung käme einem Schuldfreispruch für den Übeltäter gleich. Und nicht nur das: Sie müßten dann auch Verantwortung für ihr eigenes Tun und Wohlbefinden übernehmen.

Es ist also ausgesprochen wichtig, daß sich der Klient über seine Erwartungen bewußt wird. Wenn auch Sie eine Verhaltenstherapie in Erwägung ziehen, sollten Sie Ihre Erwartungen an dieser Stelle einmal kritisch prüfen: Wollen Sie sich wirklich ändern, oder wollen Sie lieber weiterleiden aus irgendeinem – vielleicht schwer faßbaren – Grund? Sind Sie bereit, eine aktive Rolle im Änderungsprozeß zu übernehmen? Welche Erwartungen haben Sie hinsichtlich des Erfolges Ihrer Bemühungen? Sind diese realistisch oder utopisch? Welche inhaltlichen Erwartungen haben Sie an die Therapie: Was soll zur Sprache kommen und was auf keinen Fall? Was soll der Therapeut tun, wie soll er sein und wie auf gar keinen Fall?

All diese und ähnliche Punkte kommen im Therapiegeschehen oft indirekt, über das Verhalten des Klienten, zum Vorschein. Beispielsweise wird der Therapeut aufmerksam, wenn ein Klient nur über andere Leute und deren Probleme redet, die er ja nicht ändern kann, nicht aber über seine eigenen, durchaus änderbaren Schwierigkeiten.

Direkt geäußerte Erwartungen kann der Therapeut im Gespräch klären. Mittels einfühlender Konfrontation wird er sanft, aber bestimmt auf etwaige kritische Punkte aufmerksam machen. Gleichzeitig wird er versuchen, seinem Gegenüber angemessene Erwartungen nahezulegen und realistische Hoffnungen und Motivationen zu fördern.

Schließlich achten Therapeut und Klient auch auf äußere Aspekte der Therapiesituation, z. B. pragmatische oder organisatorische Dinge wie Sitzungszeiten und -häufigkeit. Auch sollten der mögliche Einbezug von Familienangehörigen, die Kontaktaufnahme zu etwaigen Vorbehandlern, Kostenfragen, Schweigepflicht usw. möglichst im Anfangsstadium der Therapie geklärt werden.

2. Schritt:
Wie Sie Ihre Änderungsmotivation steigern können

Lassen Sie mich dieses Kapitel über Änderungsmotivation mit einer Geschichte beginnen, die – wie man so schön sagt – das Leben schrieb. Ich möchte Ihnen von einem Mann erzählen, der im brasilianischen Salvador vor siebenunddreißig Jahren ein Projekt zur Unterstützung von Straßenkindern gegründet hat.

Cesare de Florio La Rocca heißt dieser Mann, der als UNICEF-Repräsentant Kindern hilft und dabei seine »Pädagogik der Wünsche« formuliert hat. Diesem äußerst ungewöhnlich arbeitenden Mann gelingt es, Kinder zwischen fünf und vierzehn Jahren zu Veränderung und Selbsthilfe zu motivieren, die sonst durch nichts mehr zu erreichen und zu begeistern waren als durch Drogen oder Geld. Er weiß offenbar intuitiv alles, was man über Motivation wissen muß.

Sein Hilfsprojekt nennt er »Axé«, was soviel heißt wie »lebenserweckende Energie«. Seiner Schule, in der die Kinder gefördert werden, hat er den Namen »Gärtchen der Wünsche« gegeben. Was hinter diesem geheimnisvollen Projekt steckt, das zeigt er allen Straßenkindern, die das Gärtchen der Wünsche zum ersten Mal besuchen, folgendermaßen:

»Er setzt sich mitten unter die johlende Schar und fragt jeden, was er sich für die Zukunft wünscht. ›Wollt ihr in die Zirkusschule, wollt ihr tanzen lernen oder Musik machen? Wer will Stoffe bedrucken, Kleider nähen?‹ Alle rufen begeistert durcheinander. Und dann zaubert der Axé-Erfinder. Er heißt seine Zuhörer die Hände auszustrecken, ›nun legt das Samenkorn eures Wunsches hinein und schließt es fest in eure Faust. Lauscht!‹ La Rocca lächelt zufrieden. ›Hört ihr, was der Samen euch sagen will?‹ Dann läßt er seine Schützlinge ihr kostbares Traumgut symbolisch einpflanzen. ›Und wenn ihr es begießt, kräftig pflegt, was wird dann aus eurem Wunsch?‹ fragt der Magier. ›Er wird wahr‹, flüstert heiser der Kleinste und schaut dem Meister ehrfurchtsvoll in die hellen grünen Augen.« (Zitiert aus »DER SPIEGEL«, 52/1997, S. 104).

La Rocca will den Kleinen »Lust und Neugier« wiedergeben und ihnen vermitteln, daß auch »Niemandskinder« einen Anspruch auf Glück haben.

La Rocca – dem als begüterten Industriellen eigentlich eine ganz andere Zukunft offengestanden hätte – fand seinen »Traumsamen«, dessen Verwirklichung sein späteres Leben ausfüllen sollte, mehr oder minder durch Zufall: Der Fußball eines dieser Straßenkinder, mit denen er davor nichts zu tun gehabt hatte, traf ihn schmerzhaft am Kopf, als er in einem Straßenlokal saß. Und von da an ließen ihn die Gedanken an diese »Niemandskinder« einfach nicht mehr los.

Vielleicht gelingt es Ihnen ja auch, sich in Ihr »Gärtchen der Wünsche« zu begeben, neue Träume zu träumen, Ihre Lust am Ausprobieren und Ihre Neugier zu entdecken. Dies sind nämlich die besten Grundvoraussetzungen für jede Änderung.

Das Gefühl der Hilflosigkeit

Selten ist der Beginn einer Therapie so heiter und lustbetont wie das obige Beispiel aus der Arbeit von La Rocca. Er versucht, eine sogenannte »Zugmotivation« aufzubauen. Dabei geht es darum, Menschen einen positiven, erwünschten Grund zu vermitteln, warum es sich lohnen könnte, sich zu ändern.

Motivation für Veränderung ist im psychotherapeutischen Kontext häufig eine Druck- oder Leidensdrucksituation. Der Klient leidet und will seine Probleme vor allem schnell beenden. Der Boden brennt ihm gewissermaßen schon unter den Füßen. Gleichzeitig befindet er sich infolge seiner bereits länger währenden Leidenszeit nicht gerade in einer für Veränderungsbemühungen günstigen Verfassung. Fachleute sprechen in diesem Zusammenhang von einem Zustand der Demoralisierung und Resignation. Diese Stimmungslage ist gekennzeichnet durch den Verlust des Selbstwertgefühls und durch das Gefühl, unfähig zu sein, mit dem eigenen Leben zurechtzukommen. Auch prägen Gefühle von Entfremdung und Hilflosigkeit die Befindlichkeit des Betroffenen.

Hinzu kommt das Leiden an diesem Zustand, der bereits erwähnte Symptomstreß, auch »Sekundärproblem« genannt, der ja dadurch entsteht, daß der Betroffene an seinem Leiden leidet. Nicht nur sein Grundproblem macht ihm zu schaffen, er macht sich obendrein Vorwürfe deswegen – was seine Probleme jedoch nur noch weiter eskalieren läßt. Er ist in einen Teufelskreis eingetreten.

Oder die weitere Verschlechterung des sowieso schon niedergeschlagenen Zustandes wird durch das sogenannte »Scheuklappen-Phänomen« ausgelöst. Dieser Begriff beschreibt den (übrigens gut erforschten) Sachverhalt, daß unserem Bewußtsein vornehmlich Inhalte und Erinnerungen zugänglich sind, die zu unserer derzeitigen Stimmung passen. Folglich werden einem ohnehin schon deprimierten Menschen zusätzlich noch besonders viele weitere deprimierende Dinge zu Bewußtsein kommen, was ihn noch mehr »hinunterzieht«. Menschen in diesem Zustand ziehen sich gewöhnlich zurück und igeln sich ein. Dies wiederum verhindert neue, positivere Erfahrungen mit anderen Menschen. (Forschungsergebnissen zufolge nehmen »seelisch Gesunde« die Realität leicht positiv verzerrt wahr.)

Aus diesem Teufelskreis muß der Klient – wenn auch vielleicht zunächst nur in kleinsten Schritten – herausgeführt werden. Der Therapeut vermittelt ihm also eine vorsichtig-optimistische Perspektive. Er strahlt eine generell lebensbejahende, zuversichtliche Haltung aus. Und er regt seinen Klienten an, durch konkrete Handlungen positive Akzente in seinem Alltagsleben zu setzen und all das zu tun, was ihm in besseren Tagen für gewöhnlich Freude gemacht hat: beispielsweise Blumen in sein Büro zu stellen, wieder einmal ins Kino oder in ein Café zu gehen – sich einfach zu angenehmen Tätigkeiten zu »zwingen«.

Warum die Wiederbelebung von Neugier und lustvollem Ausprobieren so wichtig sind für unsere seelische Gesundheit, zeigt anschaulich ein Experiment des berühmten Forschers Martin Seligman (Seligman 1979). Die Versuchsanordnung ging in die Fachliteratur ein unter dem Titel »gelernte Hilflosigkeit«.

Seligman brachte zwei Gruppen von Versuchstieren in einen Experimentalkäfig, in dessen einen Hälfte sie in unregelmäßigen Zeitabständen über ein Gitter am Käfigboden schmerzhafte, aber ungefährliche Stromschläge bekamen, während es in der anderen Hälfte des Käfigs keine Beeinträchtigung gab. Die eine Gruppe von Tieren besaß keinerlei schmerzhafte Vorerfahrungen, die andere hingegen war zuvor in einen Käfig gesperrt worden, in dem sie ebenfalls Stromschlägen ausgesetzt war, ihnen aber nirgendwo entkommen konnte.

Tiere ohne Vorerfahrung lernten schnell durch aktives, neugieriges Ausprobieren, daß sie in der anderen Hälfte des Experimentalkäfigs keine Schläge bekamen, und hielten sich deshalb dort auf. Auch die andere Tiergruppe erforschte zunächst aktiv ihre Umgebung und versuchte, den schmerzhaften Schlägen zu entkommen. Gelang dies aber eine Zeitlang nicht, so blieben die Tiere einfach an irgendeiner Stelle sitzen und ertrugen passiv die Schläge. Auch in dem neuen Käfig, in dem sie nur ein paar Schritte hätten machen müssen, unternahmen die Tiere mit Vorerfahrung nichts mehr, um den schmerzhaften Stromstößen zu entkommen.

Natürlich kann man von Tierexperimenten nicht einfach analog auf menschliches Verhalten schließen – und natürlich sollte man generell solch »tierquälerische« Experimente ablehnen. Dennoch spricht dieses oft wiederholte und immer neu bestätigte Experiment ganz offensichtlich für sich und gibt Anlaß zum Nachdenken.

Grundbegriffe der Motivation

Der Begriff »Motivation« ist vom lateinischen »movere« (»bewegen«) abgeleitet. Grundsätzlich kann man sagen, daß jedes Lebewesen motiviert ist. Ein Spannungszustand, ein Ungleichgewicht, ein Abweichen von der Homöostase, dem Zustand des Fließgleichgewichts, kennzeichnet das Leben von Grund auf. Sogar jede lebende Zelle befindet sich in einem Spannungszustand, der auf eine Differenz der elektrischen Ladung zwischen innen und außen zurückzuführen ist. Alles was lebt, muß sich also »bewegen«, um weiter zu überleben.

Motivation kann folglich immer als gegeben vorausgesetzt werden – auch bei seelisch leidenden Menschen. Allerdings gibt es nicht »die« Motivation; Motivation ist ein facettenreicher Begriff. Die Motivationsaspekte, die in unserem Kontext interessieren, sind etwa die Motivation, überhaupt eine Therapie zu machen, die Motivation zur Zusammenarbeit mit dem Therapeuten und zum Mitteilen relevanter Informationen sowie die Motivation, die oftmals schwere Arbeit an persönlichen Veränderungen aufzunehmen.

Ihr Verhaltenstherapeut erkennt oder auch Sie selbst erkennen Ihre wahre Motivation immer an Ihrem tatsächlichen Verhalten. Der in diesem Zusammenhang wichtigste Grundsatz, der von Fred Kanfer aufgestellt wurde und der nicht oft genug betont werden kann, lautet entsprechend: Motivation ist zielgerichtetes **Handeln.** Wer vom Laufen redet, während er dasitzt, wird sich auch nicht bewegen – er ist nicht »motiviert«, nicht »bewegt« –, er erweckt lediglich durch reines Verbalverhalten einen falschen Eindruck.

An welchen konkreten Verhaltensweisen können Sie nun Ihre Therapiemotivation verläßlich erkennen? Nun, Ihre Motivation zeigt sich einfach daran, daß Sie tatsächlich zur Therapie gehen, die Sitzungen ernst nehmen und voll ausschöpfen und gegebenenfalls dafür auf anderes verzichten – oder daß Sie sich regelmäßig Zeit nehmen für Ihre Selbsthilfeversuche.

Weiterhin erkennen Sie Ihre Motivation zur Therapie daran, daß Sie Ihre Hausaufgaben erledigen, Informationen sammeln, sich Notizen über potentiell wichtige Dinge machen und diese dann gemeinsam mit Ihrem Therapeuten auswerten. Oder daran, daß Sie gewissenhaft Selbstbeobachtungen durchführen, um exaktere problem- oder lösungsrelevante Informationen zu erlangen.

Konkret bemerken Sie Ihre Motivation, an Ihrer persönlichen Veränderung zu arbeiten, daran, daß Sie tatsächlich Mühen auf sich nehmen, welche zur Erreichung Ihres Veränderungsziels notwendig sind. Sie werden eben handeln, statt nur zu reden.

Arbeiten Sie aktiv mit

Ob Sie sich nun selbst helfen wollen oder ob Sie zu einem Verhaltenstherapeuten gehen – Sie befinden sich in einer ähnlichen Situation wie Münchhausen: Sie sind gleichzeitig der, der im Sumpf gefangen ist, und der, der allein in der Lage ist, sich aus seiner prekären Lage tatsächlich zu befreien. Da wir uns in diesem Kapitel mit Motivation beschäftigen, müssen wir uns an dieser Stelle fragen, wie Sie sich selbst motivieren können.

Wie bereits erwähnt, ist die (Leidens-)Druckmotivation allein selten hilfreich. Aber immerhin ist Ihr Leiden der grundlegende Antrieb, der Sie in Bewegung versetzt.

Ihre Aufgabe ist es nun, eine Zugmotivation zu schaffen, die der Kraft, die aus dem Leid entsteht, eine positive Richtung gibt. In der Verhaltenstherapie versucht man diese Zugmotivation dadurch zu fördern, daß man die Einflußmöglichkeiten des Klienten auf das gesamte Therapiegeschehen ausdehnt.

- Machen Sie sich also klar, daß Ihre Therapie wirklich **Ihre** Therapie ist. Planen Sie jeden Schritt selbst oder führen Sie die Planung gemeinsam mit Ihrem Therapeuten durch, der Ihnen Sinn und Zweck der einzelnen Schritte erklärt und Ihnen eine Vielzahl unterschiedlicher Vorgehensmöglichkeiten vorstellt.
- Arbeiten Sie nur daran, wirklich eigene Ziele zu erreichen, und nicht Ziele, die andere oder irgendwelche Lehrbücher Ihnen als das vermeintlich »Normale« nahelegen. Nur eigene Ziele können Sie wirklich »anziehen«.
- Versuchen Sie alles an Ihrer Therapie von Grund auf zu verstehen. Wenn ich genau weiß, was ich tun kann und wohin es mich bringen soll – wenn ich also eine gute Landkarte oder Wegbeschreibung habe, fällt es mir leichter, mich ans Ziel zu »bewegen«.
- Und schließlich: Machen Sie kleine Schritte, bei deren Bewältigung Sie – sozusagen »unterwegs« – viele kleine Erfolgserlebnisse haben.

Ob all diese Selbstmotivierungsversuche erfolgreich sind, merken Sie daran, ob Sie tatsächlich das tun, was Sie gemäß Ihren Vorstellungen und denen Ihres Therapeuten tun sollten, damit Sie Ihr Ziel erreichen. Wenn nicht, dann ist eine genaue Motivationsanalyse notwendig. So sollten Sie sich etwa fragen, wozu Sie tatsächlich motiviert sind und was möglicherweise falsche Annahmen über Ihre Motivation waren.

Gelegentlich kommen Menschen zur Verhaltenstherapie, die sich gerne mit sich selbst beschäftigen und sich nur darstellen wollen, ohne eine wirkliche Veränderung anzustreben. Sie suchen im Therapeuten einen Bewunderer oder eine Art »Publikum auf Krankenschein«. Es gibt Leute, die unterziehen sich einer Therapie, um sich oder ihren Angehörigen oder staatlichen Stellen zu beweisen, daß sie sich nicht ändern können – auch trotz einer »ernsthaft« betriebenen Therapie. So können sie weiter die Vorteile ihrer »Krankheit« genießen. Mit einer Besserung würde schließlich die Krankschreibung enden, die Rente nicht gewährt werden, die Unterstützung und Hilfe der Eltern geringer werden etc.

Und schließlich gibt es eben die schon erwähnten bequemen Zeitgenossen, die in die Therapie mit der Erwartung kommen, vom Therapeuten ohne eigenes Zutun verändert zu werden. Ich erinnere mich an einen Klienten, der einige Stunden mit mir über religiös-weltanschauliche Themen plauderte und dann ärgerlich anmerkte, daß er sich noch zu wenig verändert habe.

Gründe für Widerstand und Stagnation im Veränderungsprozeß

Was wollen Sie wirklich?

Wie schon gesagt, ist eine sogenannte Motivationsanalyse notwendig, wenn Sie nicht wie erwartet weiterkommen. Therapeuten sprechen in einem solchen Fall manchmal gern vom »Widerstand« des Klienten und schieben ihm für das Stagnieren der Therapie den Schwarzen Peter zu. Dabei ist Widerstand lediglich die Kehrseite der Motivations-Medaille.

Folgende Fragen sollten Sie nun (mit Ihrem Therapeuten) klären:

Wozu sind Sie tatsächlich motiviert? Da Motivation zielgerichtetes Handeln ist, erkennen Sie dies am leichtesten, wenn Sie einfach beobachten, womit Sie die Zeit, in der Sie eigentlich Ihre therapeutischen Hausaufgaben machen sollten, verbringen. Oder wofür geben Sie Ihr »Taschengeld« aus? Woran denken Sie in Ihren Tagträumen? In welchen Situationen treten bei Ihnen starke Gefühle auf? Bei all diesen Handlungen oder Situationen kommen offenbar auch Themen vor, die Ihnen nicht gleichgültig sind.

Ich erinnere mich an einen Studenten, der bei mir in Therapie war, vorgeblich, um sein Arbeitsverhalten zu verbessern. Er konnte sich trotz hoher Intelligenz nicht aufraffen, in ausreichendem Maße zu arbeiten, und drohte in seinem Studium den Anschluß zu verpassen. Tatsächlich dachte er vorwiegend über Frauen aus seinem Bekanntenkreis nach und war glücklich, wenn er von ihnen ein Zeichen der Zuwendung – etwa ein Lächeln in der Vorlesung – erhielt. Seine wahre Motivation lag also im partnerschaftlich-sexuellen Bereich. Wir beschlossen also, uns vermehrt mit diesem Bereich zu befassen und herauszufinden, weshalb er sich selbst dabei im Wege stand, eine Freundin zu finden. Mit dieser neuen Schwerpunktsetzung wurden seine Kontakte zu Frauen zunehmend befriedigender, und er konnte im Zuge dessen auch seine Leistungsprobleme schließlich abbauen.

Manchmal gelingt es, die momentan eher gegenläufige Motivation eines Klienten auf therapeutische Ziele umzuleiten. Wenn wir beim Beispiel des Studenten bleiben, so kann ihm auch klar(gemacht) werden, daß er als erfolgreicher Student bei manchen Komilitoninnen vermutlich bessere Chancen hat bzw. daß er sich besser auf amouröse Bestrebungen konzentrieren kann, wenn er seine Studienprobleme einigermaßen im Griff hat.

Motivationskonflikte

Neben der Klärung der Motivation gilt es möglicherweise auch zu prüfen, ob Motivationskonflikte vorliegen. Eine meiner Klientinnen entdeckte beispielsweise, daß sie zusätzlich zu ihren Schwierigkeiten, sich an ihren Arbeitsplatz anzupassen – sie arbeitete selbst als Psychologin in einer Reha-Klinik –, Probleme damit hatte, ihre schwierige Vergangenheit mit mannigfachen Kindheitskonflikten zu akzeptieren.

Einerseits wollte sie weiterhin mit ihrem Schicksal und dem Schöpfer hadern, daß er ihr so schlechte Karten gegeben hatte. Und dies glaubte sie am besten tun zu können, indem sie – wie in ihrer Kindheit – häufig schmollte: Je leidender sie war, desto schwerer wog gleichsam die Anklage gegen das böse Fatum. Andererseits wollte sie aber auch ihren Alltag besser bewältigen lernen und ihre Stelle nicht verlieren. Bald erkannte sie jedoch, daß beide Ziele nicht vereinbar waren.

Meist geht es in der Therapie dann darum, die Ziele nacheinander zu bearbeiten. Oder der Therapeut macht eine paradoxe Intervention, in der er dem Klienten den Konflikt, den er sich selbst bereitet, als »Aufgabe« verschreibt. Indem der Klient sich dann – gefangen in seinem gewohnten Problemstrickmuster – auftragsgemäß, ausdrücklich und inzwischen ganz bewußt weiterhin quält, wird ihm meist auch »im Bauch« klar, was er sich da antut und wie sinnlos sein Verhalten ist. Dieses Spiel kann er dann bald nicht mehr spielen.

Probieren Sie dies ruhig selbst einmal aus, wenn Sie in einer ähnlichen Konfliktsituation stehen, und verschreiben Sie sich Ihr Problemverhalten selbst.

Die Beziehung zum Therapeuten

Weiterhin kann ein Widerstand gegen den Therapeuten als Person vorliegen. Im Rahmen einer Psychotherapie ist Widerstand sogar fast immer auch ein Beziehungsphänomen.

Wir haben weiter oben schon darüber gesprochen, daß der Therapeut streckenweise die Rolle eines Doppelagenten einnimmt. Er muß außerdem versuchen, das komplizierte Gleichgewicht von Stützen und Fordern ständig auszutarieren. Gelingt dies nicht optimal und fordert der Therapeut vielleicht zu viel, fühlt sich der Klient leicht gedrängt oder »gepusht«. Er reagiert mit Reaktanz, also mit dem Versuch, seine vermeintlich oder tatsächlich bedrohte Autonomie zu wahren. Im konkreten Verhalten führt das schlicht dazu, daß er seine Vereinbarungen mit dem Therapeuten nicht mehr einhält, daß er zu spät zur Sitzung kommt, daß er sich in der Sitzung seltsam verstockt verhält oder zu ähnlichem mehr.

Meist ereignen sich solche Phänomene dann, wenn sich bereits im Vorfeld der Therapie, nämlich bei der Rollenklärung zwischen Therapeut und Klient ein Mißverständnis eingeschlichen hat: Der Klient hält an einem symmetrischen Rollenverhalten fest, was ja leicht zu einer symmetrischen Eskalation führt.

Der bereits erwähnte Klient mit seiner Vorliebe für weltanschaulich-religiöse Themen verbrachte mehrere Sitzungen damit, theoretische psychologische Sachverhalte und religiöse Fragen auf höchstem Niveau mit mir zu diskutieren. Dabei beanspruchte er eine gleichwertige, sogar eine höhere Kompetenz auf diesen Gebieten, als er sie mir zusprach. Ich ging lange davon aus, daß das Besprechen dieser Themen ein echtes Anliegen dieses Klienten sei. Als ich ihn nach einiger Zeit damit konfrontierte, daß sich – wenn wir so weiterverführen – an seiner Problematik vermutlich nichts ändern würde, reagierte er sehr verärgert.

Bei der Rollenklärung war offensichtlich nicht hinreichend deutlich geworden, welchen Teil der Veränderungsarbeit der Klient und welchen der Therapeut zu erbringen hat. Solange ein Klient meint, er habe alle Vorschläge des Therapeuten nur deshalb zu befolgen, weil der es »halt so« von ihm wolle, wird er zu Widerstand neigen.

Die Beziehung zwischen Klient und Therapeut hat verschiedene Ebenen. In geschäftlicher Hinsicht ist der Klient der »Chef«, der die Themen vorgibt und für eine Leistung bezahlt. Die geforderte Leistung ist aber, daß er zu einer Veränderung geleitet wird, was er allein nicht schaffen würde. Er will also geführt, beeinflußt werden. Folglich ist innerhalb der Therapiesituation der Therapeut dominant und hält die Fäden in der Hand. – Die Funktion des Therapeuten ist vergleichbar mit der Funktion der Eltern bei der Kindererziehung: Eltern müssen dominant sein und bestimmen. Aber sie dienen damit ihrem Kind! – Will der Klient das nicht akzeptieren, kommt es zu einer symmetrischen Eskalation. Von der Metaebene aus betrachtet, führt der Therapeut den Klienten in dessen Auftrag zu dessen Zielen für dessen Geld. Auf dieser Ebene ist der Klient der Dominante.

Freilich sind Therapeuten auch nur Menschen, die – wie alle anderen auch – Fehler machen: Manchmal ist Widerstand gegen sie also durchaus angebracht und sinnvoll. Im Gespräch sollte sich das Problem klären lassen, sonst ist ein Therapieabbruch manchmal die beste Lösung für den Klienten. Denn ohne Vertrauen ist psychotherapeutische Arbeit nicht möglich.

Mangelt es an Wissen oder Können?

Was wie Widerstand aussieht, kann schlichtweg ein Mangel an notwendigem Wissen oder Können in einem bestimmten Verhaltensbereich sein.

Ein sozial ängstlicher Klient, der nicht – wie in der Sitzung als Hausaufgabe besprochen – mit Bekannten in ein Nobelrestaurant essen geht, vermeidet dies vielleicht einfach, weil er nicht weiß, wie man sich in einem solchen Umfeld benimmt. Dieser Mangel an sozialer Kompetenz ist vermutlich eine Mitursache seiner sozialen Angst.

Ein Ehepaar streitet selbst nach intensiven paartherapeutischen Sitzungen und entgegen ausdrücklichen beiderseitigen

Wollens weiterhin häufig. Dann ist das Problem möglicherweise nicht emotionaler Art, sondern dem Paar fehlt vielleicht einfach notwendiges Wissen und Können im Bereich konstruktiver zwischenmenschlicher Kommunikation.

Ebenso kann die Angst vor freier Rede einfach auch daran liegen, daß die betreffende Person nicht über das entsprechende »technische« Wissen verfügt, also nicht weiß, wie man so eine Rede aufbaut und hält.

Alte Gewohnheiten sind oft träge

Weiterhin können Stagnationen auch daher rühren, daß alte Gewohnheiten zu einer gewissen Beharrlichkeit neigen. Daher verlangsamt sich auch der Veränderungsprozeß, der ohnehin nicht von heute auf morgen erfolgen kann. Er wird deshalb in noch kleineren, jedoch nicht minder konsequenten Schritten vor sich gehen. Auch hier gilt der allgemeine verhaltenstherapeutische Grundsatz: Je langsamer und umfassender die Änderungsschritte sind, desto stabiler ist der erreichte Fortschritt.

Ein gutes Beispiel hierfür ist eine langsam vorangehende Gewichtsabnahme, da bei diesem Veränderungsprozeß viele Lebensbereiche mit einbezogen sind: Nicht nur die Ernährungsweise wird umgestellt, sondern auch das Freizeitverhalten (es wird mehr Sport getrieben) und vieles mehr. So ergeben sich langfristig stabile Erfolge. Wer durch eine kurze, aber radikale Reduktionsdiät in einer Woche zehn Pfund abnimmt, ohne jedoch sonst etwas zu verändern, nimmt hinterher wieder zu, und zwar in der Regel mehr als das abgehungerte Gewicht.

Das Umfeld »fesselt« uns bisweilen

Beim Thema Widerstand ist freilich auch daran zu denken, daß die Rahmenbedingungen, in denen ein Klient lebt, oder sein soziales Umfeld angestrebten Veränderungen entgegenstehen können. Der Widerstand kommt also nicht unmittelbar vom

Klienten selbst, sondern von außen und ist das Werk bestimmter negativer Einflußnahmen. Meist rühren solche Einflüsse von Verwandten oder anderen Bezugspersonen des Klienten her.

Verständlicherweise wird es einem vorwiegend autoritären Ehemann ganz und gar nicht gefallen, wenn seine Frau in der Therapie lernt, ihre berechtigten Wünsche und Bedürfnisse vehementer zu äußern. Weniger leicht zu durchschauen sind die Motive von Bezugspersonen, die, obwohl sie keine konkreten, materiellen oder beziehungsrelevanten Nachteile zu erwarten haben, gegen den Fortschritt des Klienten arbeiten.

Ein Beispiel: Eine Mutter, die selbst sehr ängstlich ist und ihre Tochter entsprechend erzogen hat, kann sich durch die Therapiefortschritte ihrer Tochter auf zweierlei Art bedroht sehen: Einmal kann sie Schuldgefühle bekommen, wenn sie merkt, daß ihre Tocher ja gar nicht wesensmäßig ängstlich ist, sondern durch die mütterliche Erziehung ängstlich »gemacht« wurde. Zum anderen kann die Mutter in ihrem Selbsterleben darunter leiden, daß sie sich vor Jahren schon selbst von ihren Ängsten hätte befreien können, so wie ihre Tochter es jetzt tut. Aus solchen Motiven heraus können Bezugspersonen den Klienten einreden, daß sie sich sowieso nicht ändern können oder sollen.

Der Therapeut tut gut daran, Bezugspersonen, die den Therapieerfolg sabotieren wollen, mit einer paradoxen Symptomverschreibung zu begegnen. Entsprechend teilt er der betreffenden Person mit, sie solle nach Möglichkeit versuchen, die Änderungsbemühungen des Klienten kräftig zu unterlaufen. Denn für den Klienten, der es schließlich doch schaffen werde, sei es ein noch größerer und effektiverer Erfolg, wenn er es »mit Gegenwind« geschafft habe. Dies führe nämlich zu besonders verläßlichen und stabilen Fortschritten. Damit befindet sich der Störenfried plötzlich in einem Dilemma: Egal, ob er nun weiterhin stört oder nicht – er unterstützt das Voranschreiten der Therapie. Außerdem ist sein Störverhalten nach einer solchen Intervention für den Klienten durchsichtig und kann daher kaum Schaden anrichten.

Ich habe einmal eine etwa dreißigjährige Frau, die unter Panikattacken in Kaufhäusern litt, behandelt. Ihre Mutter, die selbst ähnliche Ängste hatte und seit Jahrzehnten ein entsprechend eingeschränktes Leben führte, redete der Klientin ständig ein, sie werde ohnehin in ihren Änderungsbestrebungen scheitern. Also vereinbarten wir – nachdem ich meiner Klientin die paradoxe Symptomverschreibung erklärt hatte –, die Mutter regelmäßig zu den Konfrontationssitzungen einzuladen und sie zu beauftragen, während der Durchführung zu versuchen, die Tochter permanent zu entmutigen. Zu dritt gingen wir also in Kaufhäuser, wo die Klientin die Erfahrung machte, daß nichts Schlimmes geschah, und ihre Angst aushalten lernte, während ich die Mutter eindringlich dazu aufforderte, sich anzustrengen und den Erfolg dieser Konfrontationssitzungen möglichst wirksam zu torpedieren.

Auf diese Weise lassen sich scheinbar störende Elemente als fördernde Faktoren durchaus sinnvoll in die Therapie integrieren.

Freilich lassen sich »widerspenstige« Partner, Angehörige oder weitere Bezugspersonen von Klienten meist durch offene und vernünftige Gespräche dazu bringen, ihren therapiewidrigen Einfluß und ihre Störmaßnahmen einzustellen. Vielleicht lassen sie sich sogar in die Therapie einbeziehen – als Ko-Therapeuten, die die Hausaufgaben zwischen den Sitzungen begleiten. Das oben beschriebene Vorgehen ist nur eine »Notlösung« in extremen Fällen. Ideal ist – und das passiert nicht selten –, daß die betreffende Bezugsperson, angeregt und ermutigt durch den Klienten, selbst eine Therapie zur Bearbeitung ihrer Probleme beginnt.

Der sogenannte »Sekundäre Krankheitsgewinn«

Sigmund Freud sah den Primären Krankheitsgewinn darin, daß das neurotische Symptom, also die Krankheit, eine Art Kompromißlösung darstellt angesichts des unbewußten Konfliktes und der derzeitigen Verarbeitungsfähigkeit des »psychischen Apparats«. Dieser kann so zumindest recht und schlecht weiterfunktionieren, ohne völlig von unbewußten Inhalten überflutet zu werden.

Der Sekundäre Krankheitsgewinn besteht nun darin, daß sich nachträglich auch noch angenehme Begleiterscheinungen hinzugesellen: etwa, daß der Leidende krank geschrieben wird und deshalb nicht arbeiten muß oder daß er wegen seines Leidens verstärkt Zuwendung von anderen erfährt und dergleichen mehr. Verhaltenstherapeuten bezeichnen dasselbe Phänomen als »symptomaufrechterhaltende Bedingungen«.

Da solche Faktoren praktisch immer vorliegen, können Sie sich einmal selbstkritisch daraufhin »durchleuchten«, welche Vorteile Ihnen aus Ihrem Symptom erwachsen. Manchmal liegen diese Vorteile auch weniger offen und klar vor Augen. Möglicherweise »schützt« Sie Ihr Symptom davor, ein angenehmes, aber falsches Selbstbild revidieren zu müssen. Als Beispiel wäre der Student zu nennen, der sich einredet, er würde sicher außergewöhnlich erfolgreich bei seiner Prüfung abschneiden, wenn er sie nur mitschriebe. Dies aber verhindert seine Prüfungsangst.

Sie müssen sich allerdings darüber im klaren sein, daß Ihnen diese Vorteile verlorengehen, wenn Sie sich erfolgreich verändern! Überlegen Sie deshalb gut, ob sich die Veränderung dennoch für Sie lohnt oder ob Sie lieber so bleiben wollen, wie Sie sind. Denn auch das dürfen Sie! Schließlich gibt es im Bereich des Psychischen keine Vorschriften, was einen »seelisch gesunden« Menschen auszumachen habe und was nicht. Manchmal ist der »Mut zur Macke« der größere Fortschritt und Gewinn als die schönste Veränderung des vermeintlichen oder tatsächlichen Problemverhaltens.

Die Angst vor der Veränderung

Oftmals haben Menschen einfach große Angst davor, sich auf einen Veränderungsprozeß einzulassen, und zeigen deshalb starken Widerstand in der Therapie. Diese Angst ist durch negative Vorerfahrungen gelernt, wenn alle bisherigen Änderungsversuche gescheitert sind. So heißt es auch nicht ganz zu Unrecht, ein gebranntes Kind scheue das Feuer. Dennoch beginnen solche Menschen nicht selten eine Therapie wegen ihres Leidensdrucks, weil sie »magische« Hilfe suchen, weil sie sich selbst nicht mehr verstehen und spüren, daß sie Hilfe brauchen. – Oscar Wilde nahm seine Mißerfolgserwartung angesichts eines erneuten Versuchs, das Rauchen aufzuhören, mit Humor und behauptete, daß Rauchen aufhören leicht sei: Er habe es schon hundertmal probiert ...

Oder Menschen werden durch ihre Bezugspersonen fälschlicherweise davon überzeugt, daß sie unfähig seien, sich zu verändern (wie schon im Abschnitt »Das Umfeld ›fesselt‹ uns bisweilen«, S. 83 ff., näher erläutert). Solche »Prophezeiungen« sind besonders tückisch, da man ihnen erliegt, selbst wenn man beweisen kann, daß ihr Gegenteil zutrifft. Ob man solchen Prophezeiungen nun erliegt oder sie in den Wind schlägt: Man bleibt in beiden Fällen im Bann der Prophezeiung!

Max Frisch, der sich u.a. in dem Prosatext »Der andorranische Jude« mit falschen Prophezeiungen auseinandersetzt, erzählte einmal folgendes: Seiner Mutter sei von einer Lehrerin »vorausgesagt« worden, aus ihr werde nie eine gute Hausfrau. Dennoch wurde Frischs Mutter durch große Hingabe eine hervorragende Hausfrau. Nur: Irgendwann auf diesem Weg fragte sie sich, ob sie dies alles tue, um der Lehrerin das Gegenteil zu beweisen, oder ob sie es tue, weil sie es selbst gerne wollte. So oder so – sie empfand ein Unbehagen an ihrer Veränderung.

Manche Menschen scheuen vor positiven Veränderungen zurück, weil sie befürchten, sie seien hinterher nicht mehr sie selbst: Sie könnten dabei etwas ganz Wesentliches verlieren, das sie in hohem Maße ausmacht. Versuchen Sie einmal selbst, sich auszumalen, wie Sie sind, wenn Sie nicht mehr rauchen, weniger essen, weniger Angst haben, sich weniger leicht ärgern, sich tatsächlich von Ihrem Partner trennen etc. Vielleicht glauben Sie auch, Sie würden hier etwas ganz Wesentliches verlieren?

Ich meine aber, da liegen Sie falsch! Sie sollten bedenken, daß Veränderung zum Leben gehört – ob Sie sich aktiv verändern oder ob Sie durch die Umstände verändert werden. Ob Sie das Rauchen aufhören, weniger essen, Ihre Angst oder Ihre Ärgerneigung bewältigen, sich trennen oder eben nicht: In jedem Fall ändern Sie sich stetig und unaufhaltsam. Im einen Fall schicksalsergebener, ungesteuerter und vielleicht auch weniger Ihren Wünschen und Zielen entsprechend, im anderen Fall gezielt und intelligent. Sie sind dann der Pilot Ihres Lebensflugzeugs statt nur ein Passagier, der nicht weiß, wohin die Reise eigentlich geht. Dazu fällt mir ein chinesisches Sprichwort ein: »Wer nicht handelt, der wird behandelt!«

Ein zeitgenössischer Ausspruch, den auch viele Psychologen zitieren, behauptet: »Nur wer sich ändert, kann sich treu bleiben!« Und das ist sicherlich richtig. Schließlich ändern sich – ob wir wollen oder nicht – unsere Lebensbedingungen allein durch unser Älterwerden. Ständig und automatisch erwarten uns neue Rollen: nach der Kinderrolle die Elternrolle, nach der Mitarbeiterrolle eventuell die Chefrolle usw. Wie sollten wir da einfach immer dieselben bleiben können?

Mir scheint die sogenannten »Gestaltgesetze« illustrieren den hier besprochenen Sachverhalt recht gut: Eine »Gestalt« ist mehr als die Summe ihrer Einzelteile. Eine Melodie ist also mehr als alle in ihr enthaltenen Klänge. Ein Motorrad ist mehr als alle seine Bauteile zusammengenommen. Es kommt eben auch auf die raum-zeitliche Anordnung der Elemente an: Denn ein Sack voller Motorradeinzelteile fährt eben nicht, und ein gleichzeitiges Anschlagen aller Töne einer Melodie ergibt noch lange nicht die Melodie selbst, alle Buchstaben dieses Buches auf einem Haufen würde keiner kaufen ...

Um diesen Gedanken noch zu erweitern und auf unsere momentanen Überlegungen zu menschlichen Veränderungen zu beziehen: Melodien bleiben dieselben, auch wenn man sie eine Oktav höher oder tiefer spielt. Zwar bleibt dabei kein einziger Ton identisch, aber die Melodie selbst bleibt gleich. Bezogen auf uns Menschen bedeutet dies, daß wir wohl nicht befürchten müssen, das Wesentliche unserer Person zu verlieren, wenn wir uns ändern. Im Gegenteil: Durch alle Wandlungen hindurch tritt das Wesentliche einer Person immer deutlicher hervor. Der Wesenskern bleibt erhalten, selbst wenn alles sich zu ändern scheint.

Ob enttäuscht durch schlechte Erfahrungen oder beeinflußt vom Gerede der Leute oder aber aus Angst, sich selbst bei einer Veränderung zu verlieren – sobald man aufhört, sich zu ändern, gerät man in eine ähnliche Situation wie die Versuchstiere mit negativen Vorerfahrungen im Experiment Seligmans (vgl. den Abschnitt »Das Gefühl der Hilflosigkeit«, S. 73 ff.).

Wer sich nicht mehr zu bewegen versucht, der kann auch nicht merken, daß um die nächste Ecke vielleicht schon das unerreichbar geglaubte Paradies liegt.

Wie Sie Motivationsprobleme bewältigen

Egal, welcher der genannten Gründe Ihren wunden Punkt in der Änderungsmotivation trifft – auf jeden Fall werden allgemeine Grundsätze zum Motivationsaufbau Ihnen weiterhelfen. Diese Grundsätze betreffen jedes Problem der Änderungsmotivation.

Wie schon erwähnt, bilden zwei verschiedene Zustände die Ausgangslage jedes Veränderungsversuchs: ein Ist-Zustand, mit dem Sie nicht zufrieden sind, und ein Zielzustand, den Sie anstreben. Zwischen beiden liegen noch verschiedene Dinge, welche die Umsetzung erschweren: Es besteht eine Barriere zwischen »Ist« und »Soll«. Vergegenwärtigen wir uns zur Veranschaulichung noch einmal die Graphik auf Seite 67.

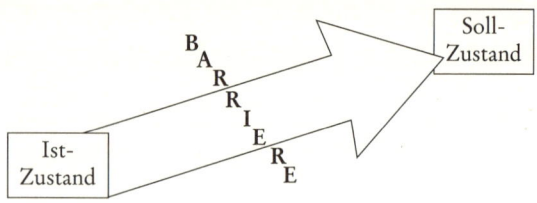

Bestrebungen zum Motivationsaufbau setzen nun entsprechend an diesen drei grundsätzlichen »Eckpfeilern« der Motivation an.

Der Ist-Zustand

Hinsichtlich des Ist-Zustandes wird die sogenannte »kognitive Dissonanztheorie« wirksam. Diese gut untermauerte Theorie besagt, daß Menschen »kognitiv« (das heißt soviel wie »gedanklich« oder »in ihrem Bewußtsein«) einen Zustand anstreben, der ohne »Dissonanz« ist. Man kann auch einfach sagen, sie streben einen Zustand der Harmonie zwischen Gedanken und Handlungen an.

Gedanke ———○——— Handlung

Ein Zustand der Harmonie (oder »Konsonanz«) zwischen Denken und Handeln besteht immer dann, wenn wir das tun, was wir für richtig halten. Beispielsweise bin ich in Konsonanz, wenn ich mir die Zähne putze, denn ich weiß, daß diese Handlung meinem Ziel, meine Zähne gesund zu halten, entspricht. In kognitiver Dissonanz befinde ich mich dagegen, wenn ich Zigaretten rauche, obwohl ich weiß, daß dies schädlich ist.

Da diese Dissonanz unangenehm ist, werde ich versuchen, aus ihr herauszukommen. Dazu gibt es aber nur zwei Wege: Entweder ich ändere meine Handlungsweise, oder ich ändere meine Einstellung. Das heißt in unserem Beispiel, daß ich, um Harmonie zu schaffen zwischen Handlungen und Gedanken, entweder das Rauchen aufhöre oder die Gefahren des Rauchens bagatellisiere.

Was also unternimmt der Verhaltenstherapeut, um – ansetzend am Ist-Zustand oder Ausgangszustand – die Änderungsmotivation seines Klienten zu steigern?

Er kann im Gespräch das Ungleichgewicht (oder die Dissonanz) zwischen dem Problemverhalten und den Einstellungen des Klienten deutlich hervorheben. Dabei kann er die Unstimmigkeiten einfach ansprechen: »Sie sagen immer, Sie lieben Ihren Mann, aber Sie streiten den ganzen Tag mit ihm ...« – »Sie sagen, Sie wollen von Ihrem Vater unabhängig sein und sich nichts mehr vorschreiben lassen, aber Sie suchen sich keinen eigenen Job ...« Oder er kann im sogenannten »Sokratischen Disput« durch scheinbar naive Fragen auf die Widersprüchlichkeiten hinweisen. (Sokrates führte seine Gesprächspartner allein durch Fragen zu neuen Erkenntnissen: Er veranlaßte sie durch sein »lästiges« Nachhaken, präziser oder auch ungewöhnlicher als sonst zu denken.) Wir nennen diese Technik heute Anregung zur »kontrollierten Informationsverarbeitung« (»controlled processing«).

Manche Fachleute bezeichnen derlei Vorgehen auch als »Colombo-Technik«. Lieutenant Colombos Art der »Fragerei« ist schließlich ein glänzendes Beispiel für diesen scheinbar einfachen Gebrauch simpler Fragen. Probieren Sie es einmal bei sich selbst oder bei anderen aus, und hinterfragen Sie alles – auch und gerade das scheinbar Selbstverständliche. Und Sie werden merken, Menschen haben fast immer ein paar unhinterfragte Annahmen, mit denen sie sich selbst schachmatt setzen.

Wichtig bei diesem Vorgehen ist, daß bei dem Klienten die kontrollierte Informationsverarbeitung in Gang gesetzt wird. Scheuklappendenken, bei dem der Klient immer nur die negativen Aspekte seiner Lage überdeutlich wahrnimmt, und eingefahrene Denkmuster sollen dabei überprüft und überwunden werden.

Auch als Hausaufgabe soll der Klient seine Denkmuster beobachten und auf Diskrepanzen zwischen seinem Denken und Handeln aufmerksam werden. Besonders eignen sich dabei Hausaufgaben, in denen er sein Problemverhalten sogar noch übersteigern soll, statt es zu dezimieren: Damit er richtig merkt, was er sich antut. Therapeuten verschiedener Schulrichtungen schätzen diese Strategie, weil sie starke Gefühle auslöst. Und unsere Gefühle sind vielleicht unsere stärkste Motivationsquelle.

Also rauchen Sie als Hausaufgabe noch mehr, werten Sie sich ganz bewußt nach allen Regeln Ihrer Kunst und ohne echten Grund selbst ab, sagen Sie niemals nein, versuchen Sie noch mehr, es allen recht zu machen, und verschanzen Sie sich noch mehr daheim, anstatt – wie Sie es sonst gelegentlich tun – auszugehen. All diese Handlungen werden Ihnen mehr als deutlich ein Gefühl dafür vermitteln, warum sich etwas ändern muß! So ist Verhaltenstherapie tatsächlich »Erlebenstherapie«. Und es bringt Sie auf jeden Fall weiter als das Grübeln über Ihrem Problem.

Wenn Sie sich diese Hausaufgaben selbst verschreiben, dann achten Sie ganz besonders darauf, daß Sie nicht zu früh den Ast absägen, auf dem Sie sitzen. Ändern Sie nichts vorschnell – so weit sind wir noch nicht! Erst müssen Sie eine geeignete »Leiter« finden, die Sie auch sicher von Ihrem Ast wieder auf den Boden der Tatsachen bringt. Also langsam, es geht jetzt erst einmal darum, Änderungsmotivation aufzubauen!

Dies gelingt Ihnen vielleicht auch, indem Sie Ihre bisherigen gescheiterten Bewältigungsversuche einmal positiv würdigen. Vielleicht läßt sich darin schon ein Keim für die künftige Lösung erblicken, der die Motivation beflügelt?

Einem Paar, das andauernd streitet, gelingt es vielleicht, in diesem Streiten den Versuch zu erblicken, sich zu sagen, daß man sich ganz und gar nicht egal ist! Vielleicht ist dies zur Zeit die bestmögliche Art beider Partner, sich ihre Zuwendung zu zeigen. Wenn dieses Paar das Problem einmal aus dieser Perspektive betrachtet, ist es automatisch motiviert, die noch vorhandenen Gefühle auf angenehmere Art mitzuteilen. Oder ein

Übergewichtiger erkennt, daß sein Verhalten eine verunglückte Suche nach Genuß und Entspannung darstellt. Diese Erkenntnis motiviert ihn, andere Wege für dasselbe Ziel zu suchen.

Die Barriere

Wenn Sie sich vor den Problemberg stellen und resigniert seufzen: »Gegen den komme ich nie an!«, so ist dies sicher alles andere als ein motivationsfördernder Umgang mit der Barriere. Vielmehr geht es darum, solche oder ähnliche Motivationshindernisse zu verringern und die Handlungstendenz zu erhöhen. Denken Sie in diesem Zusammenhang an die »gelernte Hilflosigkeit«, so wird Ihnen die Bedeutung dieses Bestrebens klar.

Vielleicht besteht Ihre Barriere in der Angst vor Veränderung? Wie gesagt, Sie brauchen nicht zu befürchten, daß Sie sich selbst bzw. Ihren Wesenskern verlieren, wenn Sie sich ändern. Eher das Gegenteil trifft zu: Ein kreativer, intelligenter Mensch, der leidet und sich nicht verändert, obwohl er eine Chance dazu hat, verleugnet geradezu wichtige Aspekte seines Wesens.

Bei Angst vor Veränderung ist es aus motivationaler Sicht wichtig, daß Sie besonders kleine Veränderungsschritte machen. Dadurch können Sie sich langsam an die Veränderungen gewöhnen, auch aus den kleinen Fortschritten Erfolgsgefühle beziehen und so Ihr Vertrauen in die eigene Kraft fördern.

Wenn Sie mit einem Verhaltenstherapeuten zusammenarbeiten, so wird er Verhaltensänderungen zunächst vielleicht im Rollenspiel mit Ihnen einüben. Dabei übernimmt er den Part Ihres sonstigen Gegenübers – etwa Ihres Chefs oder eines Kollegen, zu dem Sie z.B. nein sagen wollen. Er wird Ihnen auch für geringste Fortschritte Lob zollen und Ihnen das Verdienst an jedem kleinen Lernschritt zuschreiben, damit Sie nicht wieder in Ihr altes Muster zurückfallen, alles Gute anderen und alles Schlechte nur sich selbst anzurechnen.

Wichtig ist auch, daß Sie immer wieder im Dialog mit sich selbst oder Ihrem Therapeuten erörtern, warum es sich auf lange

Sicht für Sie lohnt, sich zu ändern. Finden Sie nämlich keine Änderungsanreize, welche die zu überwindende Barriere und den sekundären Krankheitsgewinn überwiegen, so werden Sie vermutlich nicht weiterkommen. Motivation ist quasi der Treibstoff der Maschine »Veränderung«. Es muß ausreichend davon zur Verfügung stehen.

Natürlich können die Schrecken der Barriere auch einfach darin begründet sein, daß Sie für Ihr Leben »danach« über bestimmte Informationen oder Kompetenzen verfügen müssen. Durchdenken Sie einmal in Ruhe, welche Kenntnisse und Fertigkeiten Sie zum Erreichen oder nach dem Erreichen Ihrer Ziele benötigen. Verfügen Sie auch über alle, die Sie brauchen? Beispielsweise kann ein beruflicher Aufstieg mit sich bringen, daß Sie zu offiziellen Feierlichkeiten geladen werden und die Kunst der »Etikette« beherrschen müssen, also wissen müssen, wie man sich kleidet und wie man vielleicht kleine Ansprachen zu festlichen Anlässen hält. Ebenso brauchen Sie, wenn Sie nun Mitarbeiter anleiten sollen, konkretes Wissen über Menschenführung. Solange Sie dieses Wissen nicht haben, ist es nicht verwunderlich oder unangemessen, wenn Sie Angst haben. Diese Angst ist dann nicht so sehr ein rein emotionales oder psychisches Problem als vielmehr ein Problem von Kompetenzen und Informationen. Auch diese Dinge können Sie mit Ihrem Verhaltenstherapeuten selbstverständlich besprechen und eventuell auch einüben.

Verhaltenstherapeuten legen größten Wert auf einen soliden Motivationsaufbau. Bei Barrieren bewähren sich die schon erwähnten sechs Denkregeln immer wieder:

- Denk positiv!
- Denk in kleinen Schritten!
- Denk handlungsbezogen!
- Denk zukunftsorientiert!
- Denk flexibel!
- Denk in Lösungsschritten!

Der Schwerpunkt liegt auch hier darauf, demoralisierende Gedanken und Gefühle abzubauen, indem man sich vermehrt einer möglichen besseren Zukunft, deren positiven Aspekten sowie den konkreten Dingen zuwendet, statt über sich selbst zu grübeln oder die Welt schwarzzumalen.

Weiterhin wird Ihr Therapeut versuchen, Sie zunächst mit – wenn auch noch so kleinen – konkreten Handlungen und Gedankenspielen anzuregen, die auf irgendeine Weise mit einem befriedigenderen Zielzustand in Verbindung stehen. Der imaginative Samen in der Hand La Roccas wäre ein Beispiel für ein solches Gedankenspiel. Daraus ableitbar sind verschiedene Handlungen, die dazu dienen, den Samen wachsen zu lassen.

Ähnlich sollten auch Sie mit sich selbst umgehen: Wenn Ihr Ziel etwa ist, Ihre Angst vor Menschen abzubauen, wäre ein erster kleiner Schritt, einmal bewußt Situationen aufzusuchen, in denen Menschen angstfrei miteinander umgehen, diese zu beobachten und sich zu erträumen, man könne dies ebenso. Je mehr Sie mit diesem Gefühl vertraut werden, desto mehr wächst Ihre Motivation, und andere kleine, immer konkretere und handlungsbezogenere, aktive Schritte können sich daran anschließen. Dieses Vorgehen entspricht einer »Salami-Taktik«, bei der man erst mal einen Fuß in die Tür der Veränderung kriegen muß und dann »scheibchenweise« weiter voranschreitet.

Später können Sie sich das Prinzip zunutze machen, bestehende angenehme Gewohnheiten gleichsam als Zugpferd für kleinere unangenehme Verhaltensübungen zu nutzen, indem Sie sie koppeln. Führen Sie beispielsweise die Entspannungsübung, die Sie erlernen wollen, immer aus, bevor Sie die gewohnte Tasse Tee trinken. Oder suchen Sie erst im »inneren Monolog« einige Argumente gegen Ihre Selbstabwertungen, die Sie abbauen wollen, bevor Sie fernsehen, naschen oder einem Hobby nachgehen.

Darüber hinaus können Sie Ihre persönlichen Werte oder Überzeugungen, die einen hohen Stellenwert in Ihrem Leben haben, mit Ihrem angestrebten Zielverhalten koppeln: Ist etwa Intelligenz für Sie von zentraler Bedeutung, können Sie sich klarmachen, daß es intelligent ist zu lernen, sich aktiv zu entspannen, ebenso wie Sie es für intelligent halten, sich im Auto anzugurten, sich gesund zu ernähren oder ähnliches. Probieren Sie aus, ob eine derartige Koppelung Ihres Zielverhaltens an zentrale Werthaltungen bei Ihnen möglich ist.

Außerdem sollten Sie Fördermaßnahmen Ihrer sozialen Umwelt möglichst gezielt nutzen: Vielleicht läßt sich Ihr Partner als Ko-Therapeut mit einbeziehen in Ihre Änderungsversuche. Er/Sie könnte Sie dann jeden Abend danach fragen, wie Ihr heutiges Hausaufgabenpensum verlaufen ist, oder andere Förderaufgaben übernehmen.

Die beste Motivation angesichts von Barrieren ist allerdings eine »intrinsische« Motivation, die aus Ihnen selbst kommt und keine äußeren Anreize oder Hilfen benötigt. Mihaly Csikszentmihalyi, der sich mit dem Thema »Glück« und unter welchen Umständen es entsteht, beschäftigt hat (Csikszentmihalyi 1987), fand heraus, daß Glückszustände vor allem dann auftreten, wenn Menschen sich an Zielen messen, die leicht über ihrer selbst eingeschätzten Leistungsgrenze liegen. Beim Streben, dieses Ziel zu erreichen, treten Glücksmomente auf, die er als »flow-Erlebnisse« bezeichnet. Bergsteiger, überhaupt Sportler, Künstler und Wissenschaftler, aber auch Kranke, die an ihrer Genesung aktiv mitarbeiten, und viele andere können dies bestätigen.

Der Soll-Zustand

Ansetzend am dritten Eckpunkt, dem Soll-Zustand, können Sie Ihre Änderungsmotivation steigern, indem Sie sich wirklich lohnende Ziele suchen und diese schön farbig ausmalen oder besonders plastisch vor Augen halten. Es geht also um »das Träumen neuer Träume«, wie es bei der Schilderung der genialen Arbeitsweise von La Rocca bereits deutlich wurde.

Zunächst ist es schon ein großer Gewinn, wenn Sie es schaffen, Ihre Phantasie von den Fesseln des Alltags zu befreien und ihr einmal freien Lauf zu lassen. Wecken Sie Ihre Neugierde darauf, wie verschiedenartig Sie Ihr Leben ab heute gestalten können. Machen Sie eine Art Brainstorming, bei dem Sie alle – auch auf den ersten Blick noch so unsinnig erscheinenden – Einfälle einmal unzensiert zulassen! Sortiert wird erst hinterher.

Achten Sie desgleichen auf Ihre Träume – die Träume in der Nacht und Ihre Tagträume vor einer roten Ampel oder im Büro. Wenn Sie einige Träume gesammelt haben, »testen« Sie sie, indem Sie sich in der erträumten Situation vorstellen. Fühlen Sie dabei in Ihren Körper hinein: Welche Empfindungen löst diese Vorstellung bei Ihnen aus? Können Sie schon gefühlsmäßig Kontakt mit Ihrem Ziel aufnehmen?

Machen Sie ruhig auch einmal kleine Experimente und realisieren Sie das eine oder andere Element aus Ihren Träumen: Wenn Sie sich beispielsweise selbstsicherer geträumt haben, verhalten Sie sich einfach mal probehalber so in einer Realsituation. Und zwar in einer Situation, in der es Ihnen nicht so schwer erscheint, so zu sein, wie es Ihrem Ziel entspricht. Wie geht es Ihnen damit?

All dies sind erste Ansätze zu einer »Ziel-Wert-Klärung«. Verhaltenstherapeuten regen ihre Klienten schon sehr früh im Therapieprozeß dazu an, sich mit ihren Phantasien über ein zufriedeneres Leben auseinanderzusetzen. Denn unsere Ziele »ziehen« uns weiter, egal, wie subjektiv oder konstruiert sie sein mögen – oder gerade deshalb.

Bestimmen Sie das Ziel Ihrer Therapie

Ich sitze am Straßenrand.
Der Fahrer wechselt das Rad.
Ich bin nicht gern, wo ich herkomme.
Ich bin nicht gern, wo ich hinfahre.
Warum sehe ich den Radwechsel
Mit Ungeduld?
Bertolt Brecht: Der Radwechsel

Bereits an den vorangegangenen Ausführungen über die Änderungsmotivation haben Sie gesehen, wie wichtig Ziele für den Aufbau einer Zugmotivation im Veränderungsprozeß sind. Auch in diesem Kapitel soll es um die Ausarbeitung von möglichst konkreten Zielvorstellungen gehen, wenn auch aus einem anderen Grund als dem der Förderung Ihrer Motivation. Es geht um die Wahl Ihres Therapieziels.

Das Leben eines Menschen ist ein unendlich komplexer Mikrokosmos, und es ist von entscheidender Bedeutung, an welchen Punkten – je nachdem, in welche Richtung einer sein Leben verändern will – sein Veränderungsbemühen ansetzt. Für die Zielbestimmung gibt es keine objektiven Richtlinien oder Begründungen. Es gibt auch kein Buch, in dem steht, wie ein Mensch idealerweise leben sollte. Jeder Mensch ist – wie die Existentialisten sagen – »zur Freiheit verurteilt«.

Ein paar hilfreiche Faustregeln gibt es allerdings schon. Die Therapieziele, die Sie wählen, sollten immer zu Ihren zentralen Überzeugungen, Lebenseinstellungen und Werthaltungen passen. So sollte ein nächstenliebender und sanftmütiger Mensch sich besser nicht zum Ziel setzen, in seinem Auftreten gnadenlos aggressiv und extrem durchsetzungsfähig werden zu wollen. Ein empfindsamer und gefühlsreicher Mensch sollte nicht anstreben, besonders »cool« zu werden, und ein den Genüssen des Lebens zugewandter Zeitgenosse sollte sich nicht die totale Askese abfordern.

Weiterhin sollten die Ziele zweckmäßigerweise so formuliert sein, daß sie eine verhaltensnahe Beschreibung liefern. Sätze wie »Ich will einfach glücklich sein!« oder »Ich möchte öfter gut drauf sein!« sind wenig konkret und verhaltensnah. Demgegenüber ist eine Formulierung wie »Ich möchte seltener grübeln, in meiner Freizeit aktiver werden und öfter etwas mit anderen Menschen unternehmen!« eine recht verhaltensnahe Darstellung.

Darüber hinaus sollten die Zielvorstellungen, die Sie entwerfen, realistisch, konkret und positiv formuliert sein. Eine Aussage wie »Ich will weniger Angst, Depressionen, Ärger oder Unannehmlichkeiten haben!« ist nicht nur negativ formuliert, sondern auch wenig konkret. »Ich will mich immer angstfrei, entspannt, ausgeglichen und optimistisch fühlen und mich völlig auf das konzentrieren, was ich gerade tue«, ist dagegen positiv formuliert und recht konkret, aber hoffnungslos unrealistisch. Eine ideale Zielformulierung wäre etwa folgende: »Wenn ich bei meinem Chef zu einer Besprechung im Büro sitze, will ich entspannter sein und in meinem Inneren weniger Monologe der Hilf- und Hoffnungslosigkeit führen. Anspannungsspitzen will ich bewältigen können, und ich will mich mehr den Sachthemen zuwenden und – trotz einer gewissen Nervosität – mehr zum Gespräch beitragen.«

Und schließlich sollten die Ziele »selbstinitiierbar« sein. Das heißt schlicht, Sie sollten sich Ziele setzen, deren Erreichung auch in Ihrer Hand liegt! Ziele wie »Meine Frau soll liebevoller werden!«, »Mein Chef soll behutsamer mit mir umgehen und nicht immer gleich cholerisch werden!«, »Auf der Welt soll es gerechter zugehen!« mögen nachvollziehbar sein, sind aber in unserem Kontext Makulatur. Allerdings wird ein Schuh daraus, wenn Sie diese Ziele so umformulieren, daß Ihr Eigenanteil am Geschehen im Vordergrund steht. Die genannten Beispiele müßten dann so lauten: »Ich will lernen, mit den Ecken und Kanten meiner Frau umzugehen, ohne gleich eingeschnappt zu sein oder verletzend zu werden, so daß die Situation seltener eskaliert und sich unser Verhältnis insgesamt entspannt!« – »Ich will mich weniger von der Aggressivität meines Chefs beeindrucken lassen, und ich will mich trotz seines lauten Auftretens ihm gegenüber angemessen selbst behaupten!« – »Ich will weniger über die Ungerechtigkeiten und Mängel der Welt grübeln. Ich will Unabänderliches akzeptieren lernen, aber gleichzeitig änderbare Mißstände in meiner direkten Umgebung aktiv angehen!«

Wenn Sie – wie Bertolt Brechts Ich-Erzähler in dem einleitend zitierten Gedicht »Der Radwechsel« – gar nicht wissen, wohin Sie eigentlich wollen in Ihrem Leben, machen Sie es doch wie er: Benutzen Sie Ihre Gefühle als eine Art Kompaß. Der Ich-Erzähler in dem Gedicht entdeckt seine Ungeduld. Beobachten Sie sich also ein paar Tage lang gezielt daraufhin, ob und wann Gefühle bei Ihnen auftauchen, welche es sind und wie stark sie sind. Vielleicht wird deutlicher, was beispielsweise diese Ungeduld bedeutet, wenn wir mehr Situationen kennen, in denen sie auftritt.

Achten Sie auch auf Körperreaktionen: Wann stellen sich bei Ihnen Hitzewallungen, Bauchschmerzen, Kopfweh oder ähnliche Körpersignale ein. Gibt es hinsichtlich der auslösenden Situationen irgendwelche Gemeinsamkeiten?

Und achten Sie ebenso auf Ihr Verhalten und auf Ihre Gedanken: Wofür geben Sie viel Geld aus? Womit verbringen Sie Ihre freie Zeit? Woran denken Sie beim Autofahren, Busfahren, beim Tagträumen im Büro, beim Umarmen Ihres Partners usw. Gibt es dabei Themen, mit denen Sie sich gedanklich häufig beschäftigen? All dies kann Ihnen als Kompaß dafür dienen, wohin Sie wollen.

Albert Ellis unterscheidet die Gedanken, die uns in einem ständigen »inneren Monolog« durch den Kopf gehen, in »kalte«, »warme« und »heiße« Gedanken. Kalte Gedanken sind seiner Definition nach reine Situationsbeschreibungen wie: »Mein Chef hat einen roten Kopf, und die Adern in seinem Hals werden immer dicker!« – »Die Sonne scheint.« – »Mein Arzt hat mich streng ermahnt.« Warme Gedanken beinhalten eine gefühlsmäßige Wertung: »Ich mag keine Pommes frites!« – »Mich ärgert es, wenn mein Chef wütend ist!« – »Ich will nicht mehr krank sein!« Heiße Gedanken sind absolute Wertungen oder absolute Forderungen an die eigene Person, an die anderen und an die Welt: »Ich muß unter allen Umständen erfolgreich sein bei dieser Prüfung!« – »Ich darf bei dieser Besprechung nicht die geringste Unsicherheit zeigen und muß vollkommen souverän sein!« – »Die anderen müssen mich toll finden!« – »Die sollen endlich tun, was ich von ihnen will!« – »Ich will niemals ausgelacht werden!« – »Das Leben muß angenehm und einfach für mich sein!« – »Die Welt darf nicht ungerecht sein, und es darf kein langanhaltendes Leid darin geben!«

Achten Sie einmal darauf, wann solche oder ähnliche heiße Gedanken bei Ihnen auftreten. Absolute Wertungen oder Forderungen bringen nämlich in einer Welt, in der es nichts Absolutes zu geben scheint, meist emotionale Probleme mit sich, weil sie die Tatsachen verzerren. Und unangemessene Gedanken führen zu unangemessenen Gefühlen, Körperreaktionen und Verhaltensimpulsen.

Je länger und genauer Sie sich selbst beobachten, desto eher werden Sie ein Gespür dafür bekommen, wo Ihre Schwierigkeiten und wo Ihre möglichen Ziele bzw. Entwicklungstendenzen liegen – etwa in dem Bereich »Selbstbild«, »Liebe/Sex/Partnerschaft«, »Gesundheit«, »Ethik/Religion«, »Freizeit«, »Beruf« usw.

Nehmen Sie sich eine »Auszeit« und suchen Sie einen Ort mit angenehmer Atmosphäre auf, wo Sie Ihre Seele baumeln lassen können. Phantasieren Sie nun möglichst bunt und detailliert darüber,

- wie Ihr Leben sein müßte, damit Sie zufrieden wären,
- wie Ihr Leben in drei Jahren aussähe, wenn bis dahin alles nach Ihren Vorstellungen verlaufen wäre,
- woran Sie eines schönen Morgens merken würden, daß Ihr Leben endlich in Ordnung ist, nachdem eine Fee Ihre (erfüllbaren) Änderungswünsche über Nacht erfüllt hat,
- was Sie in Ihrem Leben anders machen würden und was in

Ihrem Leben insgesamt anders wäre, wenn Sie Ihr Problem nicht mehr hätten,

- was Sie anfangen würden, wenn Sie nur noch ein halbes Jahr zu leben hätten, es Ihnen an Geld aber nicht mangeln würde,
- mit wem Sie am liebsten ein Wochenende verbringen würden, wenn Sie jeden beliebigen Menschen, der je gelebt hat, herbei-»beamen« könnten. (Sie könnten also Sigmund Freud treffen, Marilyn Monroe, Jesus oder Ihren verstorbenen Großvater.)

Diese Ziel-Wert-Klärung dauert in der Therapie meist ein paar Sitzungen lang und kann sogar das Hauptziel der Therapie sein bei Klienten, die keine konkreten Symptome oder Defizite in bestimmten Verhaltensbereichen haben und nur diffus deprimiert sind oder richtungslos leben.

Es sei in diesem Zusammenhang erinnert an die vier grundlegenden Dimensionen jeder Psychotherapie: Problemklärung, Ressourcenaktivierung, konkrete Bewältigungsarbeit und Aktualisierung des Problems in der Sitzung, statt nur darüber zu reden. Wir arbeiten gerade am ersten der genannten Bereiche, der Klärungsdimension – ein von der »klassischen« Verhaltenstherapie bislang eher stiefmütterlich behandelter Bereich.

Durchforsten Sie abschließend den mittlerweile prall gefüllten Sack an Ideen und Phantasien dahingehend, ob es wiederkehrende Themen gibt, einen roten Faden, ein Leitmotiv. Und fragen Sie sich, welche Zielphantasien sich für Ihre Therapie als Zugmotivationsquelle nutzen lassen. Und was unrealisierbare Phantastereien sind. Manch einem Klienten tun sich bei diesem Prozeß der Ziel-Wert-Klärung bisher ungeahnte Lebensmöglichkeiten auf, die zu verfolgen seinem weiteren Leben eine ganz neue Richtung geben könnten.

Ich erinnere beispielsweise einen Klienten, der wegen psychosomatischer Beschwerden in Behandlung kam. Unter Streß neigte er zu Herzrasen, Magenschmerzen, Muskelverspannungen, Schlafstörungen, Appetitlosigkeit – unangenehmen Beschwerden also, wenn sie auch nie dramatische Formen annahmen. Dieser Mann hatte – wohl aufgrund seiner Erziehung und seiner weiteren Sozialisation – fast ausschließlich leistungsbezogene Ziele in seinem Leben. Als er sich dann spielerisch auf jene oben dargestellten Phantasieübungen einließ, kamen plötzlich – und von ihm selbst am wenigsten erwartet – ganz andere, lustbetontere Inhalte zum Vorschein. Es ging dabei um Aktivitäten in Sport und Spiel, um beschauliche Beschäftigungen wie Lesen, Musikhören und vor allem um mehr Zeit mit seinen Kindern.

Versuchen Sie, sich in dieser Phase der Therapie ebenfalls einen Ruck zu geben, um neue Träume zu träumen und bislang brachliegende Seiten Ihrer Persönlichkeit zu entdecken.

Im Zuge des Zielklärungsprozesses erfährt der Therapeut viel über die Motivstruktur und das Wertesystem seines Klienten, und er lernt dabei auch besser zu verstehen, warum gerade das Problem, das der jeweilige Klient beklagt, für diesen so schlimm ist. Einem Menschen etwa, dem Perfektion und Kontrolle besonders wichtig sind, ist es verständlicherweise unangenehm, wenn er in sozialen Situationen, in denen er sich exponiert, unwillkürlich zu zittern anfängt oder errötet. Das Streben nach Perfektion und Kontrolle sind also aufrechterhaltende Faktoren im Wertesystem dieses Klienten.

Auch der Klient beginnt in dieser Therapiephase, sich bewußter und kontrollierter mit sich selbst auseinanderzusetzen. Außerdem lernt er, sich im Sinne einer »positiven Therapie« nicht nur auf unangenehme Aspekte seiner Lage zu konzentrieren, sondern auch auf Stärken und Entwicklungsmöglichkeiten. Er steckt einen größeren Rahmen für seine Veränderungsbemühungen ab, als er ihn bisher in Betracht gezogen hat.

Legen Sie Prioritäten fest

Im bisherigen Verlauf der Therapie hat der Klient einen »Sack« voll Tatsachen, Beschwerden und Problemen erkannt und berichtet. Außerdem sind ihm seine Ziele für die Zukunft etwas klarer geworden. Für die weitere Arbeit mit dem nun vorhandenen Material muß er zunächst gemeinsam mit dem Therapeuten in einem »Trichterungsprozeß« Relevantes von Irrelevantem trennen. Wie in dem Kapitel »Ursachenforschung: unabänderliche Tatsachen, Beschwerden oder Probleme?« schon erläutert, bleiben die unabänderlichen Tatsachen sowie reine Beschwerden erst einmal beiseite und liegt das Augenmerk auf den Problemen des Klienten: also auf den unangenehmen und leidvollen Dingen in seinem Leben, für die es prizipiell auch einen befriedigenderen »Soll-Zustand« gibt. Da sich Therapeut und Klient nicht auf alle Bereiche, in denen es »brennt«, gleichzeitig konzentrieren können, müssen sie sich für einen Ansatzpunkt für ihre »Löscharbeiten« entscheiden.

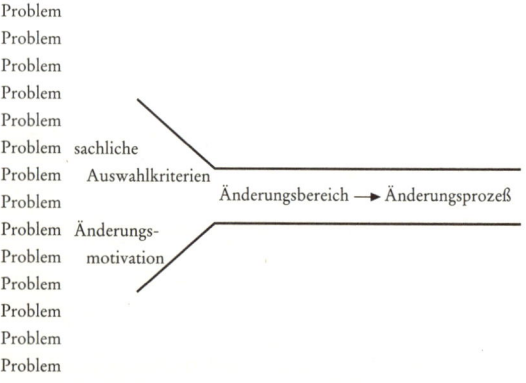

Abb. 3: Trichterungsprozeß zur Auswahl von Änderungsbereichen (Abb. in Anlehnung an Kanfer, Reinecker und Schmelzer 1991, S.187)

Ein sachliches Kriterium für diese Entscheidung liefert z. B. die Frage, welcher Problembereich subjektiv besonders belastend oder von existentieller Bedeutung ist. Beispielsweise kann es bei einem Kind mit einer komplexen Problematik wichtig sein, zunächst an seiner Schulangst zu arbeiten, damit es überhaupt weiter am Unterricht teilnehmen kann, und erst später die vielleicht ursächlichen familiären Probleme anzugehen. Auch ein kleptomaner, ein spielsüchtiger oder ein zu impulsiven Gewaltausbrüchen neigender Klient bearbeitet besser zuerst diese Symptome, da sie existentielle Bedeutung besitzen.

Bei weniger dringlichen Problemen kann auch erwogen werden, ob eine Intervention am Problem X möglicherweise günstige Einflüsse auf andere Problemfelder erwarten läßt. So kann sich der Aufbau von mehr Selbstsicherheit positiv auf verschiedene soziale und selbstwertrelevante Kontexte auswirken.

Ebenso sollte man für den Beginn der Arbeit Änderungsbereiche vorziehen, die unter den derzeitigen Rahmenbedingungen des Klienten verhältnismäßig einfach änderbar erscheinen und die eine hohe Erfolgswahrscheinlichkeit erwarten lassen. Denn nichts ist so motivierend für weitere Anstrengungen wie der Erfolg!

Und schließlich sollte ein Bereich gewählt werden, der mit den grundlegenden Zielen und Werten des Klienten in Einklang steht. So ist etwa bei einem Klienten, dem Körper und Gesundheit besonders am Herzen liegen, das Erlernen einer Entspannungstechnik ein guter Einstieg in die Behandlung seiner Angstproblematik.

Als Ansatzpunkte ungeeignet sind – wie schon erwähnt – unabänderliche Tatsachen und bloße Beschwerden. Diese kann man nicht ändern, da es hier keinen positiven Soll-Zustand gibt. Weiterhin sind unrealistische Erwartungen und Zielvorstellungen zu vermeiden. In diesem Zusammenhang seien das »Utopie-Syndrom« und die »Drive-in-Mentalität« genannt. Beim Utopie-Syndrom streben Klienten überhöhte Ziele wie ständige Glückseligkeit oder ewige Harmonie, immerwährende Angstfreiheit oder totale »Coolness« an. Das Drive-in-Syndrom liegt vor, wenn ein Klient meint, er brauche nur mal eben zur Therapie zu fahren, und hinterher sei alles automatisch und schnell in bester Ordnung – wie bei einer Autowäsche in der Waschstraße. Außerdem sollte man keine Ansatzbereiche wählen, bei denen ethische Bedenken seitens des Klienten oder des Therapeuten berührt werden. Eine religiöse Frau mit u. a. sexuellen Problemen sollte anfangs besser an ihrer Depressionsneigung arbeiten, wenn sie im Bereich Sexualität aus religiösen Gründen befangen ist.

Zum Abschluß dieser Therapiephase sollten Sie sich die folgenden fünf Fragen selbst beantworten:

• Wie wird mein Leben sein, wenn ich diesen Bereich ändere? Kann ich mir davon ein plastisches, realistisches Bild machen?
• Inwiefern wird es mir dann bessergehen?
• Kann ich es überhaupt schaffen?
• Wieviel an Zeit, Mühe usw. muß ich für diese Änderung investieren? Lohnt sich das alles überhaupt?
• Kann ich mir selbst mit Hilfe dieses Buches ausreichend Unterstützung geben? Oder sollte ich erwägen, eine Therapie zu machen?

Nach ehrlicher Beantwortung dieser grundsätzlichen Fragen kann eine genauere Analyse des ausgewählten ersten Änderungsbereiches erfolgen. Wie dies im einzelnen durchgeführt wird, erfahren Sie im nächsten Kapitel.

3. Schritt: Die Verhaltensanalyse

Quidquid agis,   Was du auch tust,
prudenter agas,   tu es klug,
et respice finem.   und bedenke den Ausgang!
Gesta Romanorum 103

Stellen Sie sich einmal vor, Sie müßten eine mittlere Firma leiten, und irgendwann gingen die Geschäfte schlechter und schlechter. Sie hätten ein Problem! Vermutlich würden Sie – ähnlich wie in den bisherigen Abschnitten für den Bereich der Psychotherapie beschrieben – zunächst versuchen, einmal jene Abteilung in Ihrer Firma ausfindig zu machen, in der besondere Schwierigkeiten auftreten.

Nun würden Sie vermutlich diese Abteilung ganz genau unter die Lupe nehmen. Wie ist die Arbeit dort organisiert? Welche Personen arbeiten dort? Haben diese persönliche Probleme? Oder gibt es Streitigkeiten, die die Zusammenarbeit beeinträchtigen?

Allerdings wüßten Sie auch, daß Sie diese Abteilung keinesfalls isoliert betrachten dürfen, wenn Sie zu brauchbaren Ergebnissen kommen wollen. Sie müssen auch Kenntnis darüber haben, von welchen Zulieferungen anderer Abteilungen oder von welchen Informationen durch externe Quellen die Leistung dieser Abteilung abhängig ist. Also müssen Sie auch dieses weitere Umfeld einer genauen Analyse unterziehen, sofern es mit der Funktionsweise der Problemabteilung zusammenhängt. Je mehr Sie insgesamt von der Materie wissen, desto leichter werden Sie sich bei Ihrer Problemanalyse tun – Sie haben dann einen Ausgangspunkt für Ihre Suche. Und erst dann, wenn Sie sich ein umfassendes Bild von der Lage gemacht haben, können Sie planen, was Sie unternehmen wollen, um »den Laden« wieder auf Vordermann zu bringen.

Stellen Sie sich vor, Sie sind Lehrer, und es gibt Probleme in Ihrer Klasse. Sie machen vielleicht schnell einen Schüler ausfindig, der große Lernschwierigkeiten hat. Sie werden also diesen Schüler und sein Verhalten verstärkt in den Blick nehmen, um auf mögliche Ursachen seiner Probleme schließen zu können. Vielleicht leidet er nur an einer Sehschwäche. Ist dies der Grund für seine Schulprobleme, kann die Angelegenheit schnell geregelt werden.

Allerdings kann »des Pudels Kern« auch ganz woanders liegen: Vielleicht ärgern die Mitschüler den »Problemschüler« und stören ihn in seiner Aufmerksamkeit. Oder seine Eltern haben Eheprobleme, die ihn belasten usw. Auch hier müssen Sie einerseits den Kernbereich genau unter die Lupe nehmen, sich andererseits aber auch einen Überblick über die Rahmenbedingungen verschaffen, um zu brauchbaren Aussagen zu kommen. Ebenso kommt Ihnen als erfahrener Lehrer Ihr pädagogisch-psychologisches Grundwissen bei der Analyse sehr zugute.

Stellen Sie sich schließlich vor, Sie sind einer der Erstbesteiger der Eigernordwand und suchen einen guten Einstieg in die Wand. Ihr Leben hängt davon ab, daß Sie einen günstigen Weg wählen. Also werden Sie bei guten Wetterbedingungen von der Talstation aus Detailfotos von den schwierigsten Passagen machen. Gleichzeitig brauchen Sie aber auch Panorama-Aufnahmen, die Ihnen einen Gesamtüberblick verschaffen, so daß Sie planen können, wieviel Zeit und Energie und welche Ausrüstung Sie allein dafür benötigen, um überhaupt an die problematischen Abschnitte des Aufstiegs zu gelangen. Ein allgemeines kletterisches Vorwissen ist sowieso unumgänglich.

Sicher haben Sie es schon bemerkt: Das Vorgehen bei der Analyse eines beliebigen Problems entspricht auch der Vorgehensweise in der Therapie. In den nächsten Abschnitten werden Sie erfahren, wie man bei der Analyse von psychischen Problemen genau vorgeht, so daß die weitere Arbeit an deren Veränderung auf einer soliden Basis stattfinden kann. Weiterhin erhalten Sie das notwendige Grundlagenwissen über die allgemeinen Rahmenbedingungen psychischer Probleme, damit Sie wissen, wonach Sie bei Ihrer Verhaltensanalyse suchen müssen.

Grundlegendes zur Verhaltensanalyse

Die Verhaltensanalyse ist das Kernstück des diagnostischen Prozesses in der Verhaltenstherapie.

Bei der Verhaltensanalyse dringen wir tief in die Problemzusammenhänge ein. Dabei muß der Klient unter Umständen eine gewisse Belastbarkeit beweisen. Er darf also weder selbstmordgefährdet noch psychotisch sein: Menschen, die mit dem Gedanken spielen, sich umzubringen, oder Menschen, die ihre Umwelt nur noch in extremen Verzerrungen wahrnehmen, sind nicht in der Lage, diesen Schritt im Therapieprozeß zu gehen. Falls Sie nach selbstkritischer Prüfung oder aufgrund der Rückmeldung Dritter solche Merkmale an sich entdecken, sollten Sie sich in nervenärztliche Behandlung begeben.

Psychische Störungen und Probleme können ganz unterschiedliche Herkunft haben:

Körperliche Erkrankungen, die das Gehirn mitbetreffen, können zu psychischen Problemen führen. So kann ein Tumor im Gehirn etwa zu Zwangs- oder Angstsymptomen führen.

Weiterhin gibt es ererbte psychische Erkrankungen, bei denen eine Stoffwechselstörung im Gehirn vorliegt und die sogar mit extrem gravierenden psychischen Beschwerden wie Depressionen oder Wahnvorstellungen einhergehen können. In solchen Fällen muß unbedingt der Neurologe oder der Psychiater aufgesucht werden.

Es gibt psychische Probleme infolge von traumatischen Erfahrungen wie Vergewaltigung, schweren Unfällen oder ähnlichem. Hier sind Sie bei einem Psychotherapeuten in guten Händen.

Die folgenden Ausführungen betreffen jedoch vor allem psychische Störungen, die durch Probleme und Konflikte verursacht sind, die Sie mit sich selbst oder mit anderen Menschen haben.

Ziel der Verhaltensanalyse ist es, möglichst alle Problembedingungen in ihrer Funktion im Gesamtgeschehen zu erfassen. Man spricht deshalb von einer »funktionalen Analyse«. Lange

Zeit ging man dabei nur entlang der Zeitachse vor und ermittelte, was zuerst passierte und was darauf folgte.

In Ausbildungskursen für angehende Psychotherapeuten kann man diese Betrachtungsweise gut nachvollziehbar vermitteln, indem man den Studenten mitteilt, man wolle einen von ihnen für ein Gespräch über seine persönlichen Probleme auswählen, das vor dem Plenum stattfinden soll. Daraufhin sollen sie die Augen schließen, und der Kursleiter geht hörbar im Kreis umher, vorgeblich, um einen Interviewpartner auszuwählen. Nach ein paar Minuten wird diese Übung abgebrochen und werden die Teilnehmer gebeten, sich zu vergegenwärtigen, was in ihnen vorgegangen ist. Dabei wird jedem deutlich, daß der Auslöser – die Instruktion des Leiters – in ihm bestimmte Gedanken, Gefühle und Körperreaktionen hervorgerufen hat. Diese Gedanken, Gefühle und Körperreaktionen lassen sich als Funktion des Auslösers betrachten.

Einem der Studenten wird vielleicht klar, daß er auf den Auslöser hin zum Beispiel gedacht hat: »O Gott, wenn ich jetzt ausgewählt werde, wäre mir das schrecklich peinlich!« Er hat Angst empfunden und Herzklopfen oder Hitzewallungen gespürt. All dies ist nur auf den Auslöser hin passiert und ohne daß die bedrohliche Situation tatsächlich eingetreten wäre. Ein anderer dachte in derselben Situation vielleicht: »Prima, wenn ich ausgewählt werde, kann ich mal von meinen Problemen mit meiner Freundin erzählen. Vielleicht hilft mir das ja weiter, und was die anderen darüber denken, ist nicht so wichtig!« Er fühlte sich neugierig und heiter und bemerkte keine deutlichen Körperreaktionen.

Weil diese Betrachtungsweise nur entlang einer Achse – der Zeitachse – erfolgt, spricht man auch von »horizontaler Verhaltensanalyse«.

In der modernen Verhaltenstherapie wird diese horizontale Verhaltensanalyse ergänzt durch die »vertikale Verhaltensanalyse« oder auch »Plananalyse«. Dabei wird versucht, nicht offensichtliche und direkt beobachtbare Grundeinstellungen oder

Pläne einer Person zu erschließen, welche aber ihre beobachtbaren Reaktionen verständlicher machen. Schließlich wäre es von Nutzen, mittels der funktionalen Verhaltensanalyse auch herauszufinden, worin sich die beiden oben beschriebenen Studenten »unter der Oberfläche« unterscheiden, daß sie so gegensätzlich reagieren – in horizontaler Sicht.

Die vertikale Betrachtungsweise, die die Reaktionen einer Person über viele ähnliche Situationen hinweg betrachtet, läßt also Grundeinstellungen oder Pläne erschließen, vergleichbar dem Programm eines Computers: Student Nummer eins hat vermutlich den Plan: »Ich darf mir anderen gegenüber keine Blöße geben – es wäre schrecklich, wenn jemand schlecht von mir dächte!« Student Nummer zwei hat vielleicht den weniger starren Plan: »Ich will gut vor anderen dastehen, aber es ist auch kein Beinbruch, wenn 's mal in die Hose geht – schließlich können mir die Gedanken anderer nichts anhaben!« Es liegt auf der Hand, wie wichtig gerade diese vertikale Verhaltensanalyse in der therapeutischen Praxis ist.

Weiterhin wird bei der Verhaltensanalyse der Mensch mit seinem Problem immer im Kontext des ihn umgebenden Gesamtsystems gesehen. Schließlich lebt keiner von uns auf einer einsamen Insel wie Robinson Crusoe. Und selbst ein Robinson trägt sein »System« zumindest im Kopf mit sich herum. Keiner von uns ist frei von Gedanken darüber, was beispielsweise sein Beziehungspartner über sein Handeln denken würde, selbst wenn dieser tausend Kilometer entfernt ist.

Wie ein Symptom entsteht

Wenn wir relevante diagnostische Informationen sammeln wollen, müssen wir zunächst wissen, wonach wir im einzelnen suchen sollen. Je mehr wir über einen Sachverhalt wissen, desto leichter erkennen wir wesentliche Zusammenhänge. (Dies zeig-

111

ten ja schon die einleitenden Beispiele des Firmenchefs, Lehrers und Bergsteigers.)

Wie schon in dem Kapitel »Das Bild von uns selbst, von der Welt und von ihren Spielregeln« dargestellt, entwickeln Menschen, beeinflußt von ihrer ererbten biologischen Ausstattung sowie von dem Verhalten ihrer frühen Bezugspersonen, verschiedene Strategien zum Umgang mit schwierigen Situationen. In einem kontinuierlichen Prozeß werden dabei manche Verhaltensmuster unterdrückt und andere gefördert: je nachdem, wie die soziale Umwelt auf das Handeln des Kindes reagiert. So entsteht ein individuelles Repertoire an (Bewältigungs-) Verhaltensweisen.

Die Beibehaltung dieser Verhaltensweisen – selbst in schwierigen Situationen – wird von Regeln gesteuert, die nicht – zumindest nicht voll – bewußt sind. Die Einhaltung dieser »impliziten« Regeln wird durch Gefühle gewährleistet, die eine verhaltenssteuernde Funktion erfüllen: Wenn wir nicht nach unseren impliziten Regeln handeln, machen sich solche verhaltenssteuernden Gefühle sofort unangenehm bemerkbar: Wir haben dann Angst, empfinden Scham, ärgern uns über uns selbst oder empfinden ähnlich »aversive« Gefühle.

Unser Verhalten ist somit Produkt einer lebenslangen Wechselwirkung zwischen unserer eigenen Person mit allen angeborenen Anlagen und unserer Umwelt. Wir versuchen unablässig, Situationen in unserer Umwelt zu meistern, und werden durch die Reaktionen dieser Umwelt geformt, wobei wir in jungen Jahren besonders formbar sind. Umgekehrt formen und verändern wir dadurch ebenso unsere Umwelt.

In unserer Kindheit gelernte starre Verhaltensmuster können – besonders wenn sie unter traumatischen Bedingungen gelernt wurden – bis ins Erwachsenenalter hinein wirksam bleiben. Je mehr während der kindlichen Entwicklung eine Vielfalt flexibler Bewältigungsstrategien zugunsten von Verhaltensautomatismen unterdrückt wurde und je rigider an bestimmten dieser »Notfallverhaltensmuster« festgehalten wird, desto schlechter stehen die Chancen für den betreffenden Menschen, kritische Situationen in seinem Leben zu meistern, in denen andere, flexiblere Reaktionen nötig wären.

Für die Verhaltensanalyse brauchen wir also zunächst Informationen über die eigene Person. Wie ist mein angeborenes Wesen, meine ererbte Natur? Welche Handlungsweisen und Denkweisen habe ich erlernt, welche verlernt oder von Anfang an unterdrücken müssen? Wie haben meine frühen Bezugspersonen auf meine Äußerung von Bedürfnissen, auf meine Offenheit, meine Wut reagiert? Welche Interaktionsmuster sind dabei entstanden, die vielleicht später auch in meinen erwachsenen Beziehungen ihre Fortsetzung fanden? Welches Bild habe ich von mir selbst und von der Welt gewonnen in all den Jahren, in denen ich nun schon Erfahrungen sammle mit mir und der Welt? Wie reagiere ich in Situationen, in denen ich mich bedroht fühle – was also sind meine Überlebensstrategien?

Fragen Sie sich darüber hinaus: Welche ungünstigen oder traumatischen Bedingungen haben in meiner Kindheit geherrscht? Mußte ich mich an Eltern anpassen, die ihre Zuwendung abhängig machten von bestimmten Verhaltensmustern? Und wäre, wenn ich diese Verhaltensweisen nicht ausgeführt hätte, mein emotionales Überleben gefährdet gewesen?

Die Gesamtheit der Erfahrungen des Kindes mit der Familie, der »kleinen Welt« des Kindes, verdichtet sich später zum Weltbild. Und die Art, wie das Kind sich in den Interaktionen mit den anderen Familienmitgliedern erlebt, bildet die Grundlage seines späteren Selbstbildes. Je weniger eine Person als Kind in der Lage war, ein stabiles Selbst- und Weltbild aufzubauen, und als je ineffektiver sie eigene Bewältigungsversuche erlebt hat, um so starrer und verbissener muß sie an ihren Notfallverhaltensmustern festhalten, um ein Minimum an Sicherheitsgefühl zu bewahren.

Psychologen wie der anfangs erwähnte George Alexander Kelly, der die »persönlichen Konstrukte« stark betont, aber auch Aaron T. Beck oder Albert Ellis, die sich vorwiegend mit menschlichem Denken beschäftigen, werden deshalb nicht müde, die Bedeutung von »kognitiven Strukturen« im psychischen Krankheitsgeschehen zu betonen: Wenn einseitige Grundüberzeugungen (ein rigides Selbst- und Weltbild und unflexible Überlebensstrategien), die meist früh gelernt wurden, eine dominante Rolle im Leben eines Menschen einnehmen und wenn starr an ihnen festgehalten wird, ist es praktisch nur eine Frage der Zeit, bis eine neue Lebenssituation ein Handeln erforderlich macht, das von der Befolgung dieser verfestigten Regeln abweichen muß. Jeder Mensch kommt in solche Situationen. Je starrer, unflexibler und absoluter er aber an seinen Einstellungen festhält, desto bedrohlicher – oftmals wirklich existenzbedrohlich – erlebt er diese Situationen. Entscheidend ist, ob jetzt – je nach Situation – neue und bisher unterdrückte Verhaltensweisen gezeigt werden können.

Ein Beispiel für eine solche Konstellation wäre ein von den Eltern äußerst behütetes Einzelkind, dem bisher alles abgenommen wurde und das, wenn es in die Schule kommt, erstmals unter Gleichaltrigen kämpfen muß für das, was es will. Oder ein behütet aufgewachsener Gymnasiast, der bei der Bundeswehr merkt, daß er hier mit bloßem Argumentieren, das er zwar gut beherrscht, nicht weiterkommt.

Bei der Verhaltensanalyse wird also versucht, diese Regeln zu erschließen, um das Konfliktgeschehen zu verstehen.

Weiterhin ist die Lebens- und Beziehungsgestaltung eines Menschen von Bedeutung. Auch hier finden wir indirekte Hinweise auf oben erwähnte Grundeinstellungen.

In jenen Bereichen seines Lebens, die ein Mensch selbst gestalten kann, zeigt sich, wo seine Ressourcen und Stärken liegen, aber auch, wo seine Grenzen sind. Die Gestaltung des eigenen Lebens spiegelt auch Ziele wider, die mit der Symptomatik bzw. mit den irrationalen Konzepten der Person (Selbstbild, Weltbild, Überlebensstrategien) in Zusammenhang stehen.

Bei der Beziehungsgestaltung werden Überlebensregeln oft starr eingehalten und Hoffnungen und Erwartungen in die Beziehung gesetzt, die meist nur kurze Zeit von der Bezugsperson erfüllt werden können. Ein Beispiel dafür wäre jemand, der von den Eltern mit ständiger Bewunderung und Aufmerksamkeit verwöhnt wurde – oder auch extrem wenig davon erhielt – und deshalb als Erwachsener vom Partner immerwährende Aufmerksamkeit und Verehrung erwartet. Der Partner wird vermutlich anfangs versuchen, ihm diese Aufmerksamkeit und Verehrung auch zu schenken. Mit der Zeit aber wird er sich überfordert und genervt fühlen und nur immer seltener die Erwartungen des anderen erfüllen. Der Appell des anderen wird also nur unregelmäßig – Fachleute nennen dies »intermittierend« – verstärkt oder belohnt.

Das Festhalten an unerfüllbaren Erwartungen wird unter solchen unregelmäßigen, intermittierenden Verstärkungsbedingungen immer verzweifelter. Schließlich genügt bereits der berühmte Tropfen, der das Faß zum Überlaufen bringt, und eine Symptomatik oder Störung tritt scheinbar ohne konkreten und nachvollziehbaren Auslöser auf.

Das Symptom ist also die Folge von Grundeinstellungen einer Person, die zu ungünstigen Lebens- und Beziehungsgestaltungen geführt haben. Oder es ist die Folge des gescheiterten Versuchs, neue Lebenssituationen mit den gewohnten Mitteln zu bewältigen, die sich darin als Fehleinstellungen oder Defizite erweisen und nicht funktionstüchtig sind. So eine Lebenssituation ist dann schlichtweg eine Überforderung der Bewältigungsfähigkeiten der Person. Beispielsweise kann eine Prüfungssituation für einen ohnehin schon psychisch belasteten Menschen eine Überforderung sein.

Die Situation kann aber auch erst dadurch unüberwindbar werden, daß die irrationalen Regeln der Person ein bestimmtes Verhalten nahelegen, das die ganze Sache noch erschwert: Beispielsweise könnte unser Prüfling sein gesamtes Selbstwertgefühl auf seine intellektuelle Überlegenheit stützen und von sich fordern, die Prüfung nicht nur zu schaffen, sondern sogar hervorragend zu absolvieren. Nur so, meint er irrationalerweise, könne er der Katastrophe des Versagens in einer Leistungssituation entgehen. Schneidet er dann gerade wegen seiner überhöhten Selbstanforderungen und wegen des daraus resultierenden psychischen Drucks »nur« durchschnittlich ab, ist seine eigentliche persönliche Katastrophe perfekt: Sie besteht dann nämlich in einer notwendigen Änderung seines Selbstbildes.

Außerdem kann eine Situation dadurch eine Überforderung sein, daß ein Konflikt zwischen mehreren als unangenehm bewerteten Handlungsalternativen nicht mehr angemessen ausgetragen werden kann. Beispielsweise kann ein Mann Symptome entwickeln, wenn er es einfach nicht schafft, sich für seine Verlobte zu entscheiden, es aber genausowenig schafft, sich von ihr zu trennen.

Das Symptom ist aber nicht nur die Folge der bislang dargestellten Konflikte, sondern auch der (unbewußte) Versuch, eine Ersatz- oder Kompromißlösung zu finden, die keine wesentlichen Einstellungsänderungen erforderlich macht. Es ist meist gleichzeitig ursachenbezogen und zielbezogen: Es ist eine Reaktion auf den Streß, den die überfordernde Situation darstellt, und es ist ein Versuch, auch ohne angemessene Reaktionsfähigkeit eine Art »Schleichweg« zu benutzen, der es ermöglicht, dennoch »durchzukommen«, ohne sich grundlegend ändern zu müssen.

Das Symptom zementiert somit meist die unangemessenen Grundeinstellungen und den vorher schon begonnenen Teufelskreis der die unbefriedigende Lebenssituation aufrechterhaltenden Bedingungen.

Probieren Sie doch einmal, nebenstehende Zusammenfassung der Entstehung eines Symptoms auf Ihre eigene Lebenssituation anzuwenden. Oder versuchen Sie, das Leben anderer Menschen anhand unseres allgemeinen Konzeptes zu strukturieren. Auf diese Weise werden Sie schnell einige Übung im Umgang mit den Begriffen und Zusammenhängen erwerben.

Um Ihnen den Start zu erleichtern, sei im folgenden an einem beliebigen Beispielfall die Struktur noch einmal dargestellt. Sie dürfen sich gerne als Ko-Therapeut betätigen.

In der Kindheit werden das spätere Selbstbild, das Weltbild und die wichtigsten Überlebensstrategien grundgelegt, deren Einhaltung durch Emotionen quasi sanktioniert wird.

Vor allem wenn die Eltern Bedingungen für ihre Zuwendungen stellen, entstehen starre Regeln beim Kind. Das Handeln gemäß dieser Regeln soll im Umgang mit den Eltern die Befriedigung zentraler Bedürfnisse – im Extremfall das Überleben – des Kindes ermöglichen. So erwirbt die Person ihre handlungssteuernde Ausstattung an Grundüberzeugungen. Außerdem werden bestimmte Handlungsweisen im frühen Familienkontext gefördert, andere unterdrückt, nicht gelernt oder verlernt.

Es treten deshalb mit der Zeit Probleme in verschiedenen Situationen auf. Sie können aber noch kompensiert werden: Man spricht dann von einer **Problemphase**. Die Beziehungs- und Lebensgestaltung ist von den irrationalen Einstellungen beeinflußt.

In der oft viel später eintretenden **Konfliktphase** kann nicht mehr kompensiert werden. Es treten oft allgemeine unspezifische Streß-symptome auf: Kopfweh, Schlafstörungen, Anspannung ... Jetzt stehen der Person nur drei Möglichkeiten offen:

- Resignation
- Symptombildung
- neuartige Verhaltensweisen

Aufgrund von Verhaltensdefiziten, Befolgung der starren Überlebensregeln und aus Angst vor der Notwendigkeit, das Selbst- und Weltbild oder irrationale Ziele ändern zu müssen, können keine neuartigen Verhaltensweisen gezeigt werden, die eine Erweiterung des Verhaltensspielraums bedeuten würden und den Konflikt lösen könnten. Also kann die Person nun nur noch resignieren und ein Leben unterhalb ihrer Möglichkeiten führen, oder sie bildet ein Symptom aus.

Dieses Symptom ist dann Folge des Konflikts, stellt eine Kompromißlösung dar und untermauert das alte Selbst- bzw. Weltbild, die Beziehungsgestaltung sowie die Überlebensregeln. Die Person ändert sich nicht! Auch ihre Ziele bleiben unrealistisch und unerfüllbar oder konflikthaft und stellen eine übersteigerte Form der in der Kindheit ersehnten und spärlich erfüllten Bedürfnisse dar.

Herr A., ein Einzelkind, wird in seiner Kindheit von den Eltern, die beide gerne studiert und Karriere gemacht hätten, extrem auf Leistung »getrimmt«. Die Eltern lieben ihn, und sie meinen, sie tun das Beste für ihn, wenn sie so handeln. Das Kind allerdings fühlt sich nur unter der Bedingung geliebt, daß es Leistung zeigt. Zwischen seinem fünften und zehnten Lebensjahr treten Eheprobleme zwischen den Eltern auf, und das Kind leidet sehr darunter. Als Einzelkind fühlt es alle Erwartungen der Eltern auf seinem kleinen Rücken lasten. In dieser problematischen Zeit der ehelichen Probleme meint das Kind, es könne die Eltern durch gute Schulleistungen wieder »glücklich« machen. Tatsächlich trennen sich die Eltern – wenn auch aus anderen Gründen, als das Kind meint – schließlich nicht.

Herr A. wird in allen wichtigen Lebensbereichen scheinbar erfolgreich und unproblematisch älter. Er verläßt das Elternhaus und findet eine Partnerin. Aber unter der schönen Oberfläche ist der Bogen der Konflikte bereits gespannt: Wie Sie, lieber Ko-Therapeut, sicher schon erkannt haben, hat Herr A. insofern ein problematisches Selbstbild entwickelt, als er glaubt, er sei an sich nicht liebenswert, sondern müsse Leistung erbringen, um geliebt zu werden. Sein Weltbild ist ebenfalls nicht unproblematisch, da er die Welt als einen Ort auffaßt, wo es Sieger und Verlierer gibt und nichts dazwischen: Man müsse sich immer anstrengen, daß man nicht auf der falschen Seite landet! Entsprechend ist seine Überlebensstrategie, entstanden während des Ehekonflikts der Eltern, ebenfalls klar von Leistungsstreben gekennzeichnet. Treten Probleme egal welcher Art auf, reagiert er mit einem Mehr desselben, also – wie wir wissen – mit einer Änderung erster Ordnung. Handelt es sich um emotionale Probleme, muß er in seinen Bewältigungsversuchen zwangsläufig scheitern.

Im frühen Erwachsenenalter gerät er in eine Problemphase. Er hat leichte Beziehungsprobleme, kann schwer abschalten, raucht zu viel und entwickelt Leistungsängste: Im Studium bereitet er sich (als Versuch der »Vorwärtsvermeidung«) sehr intensiv auf jede Prüfung vor, zeigt aber wegen seiner Versagensangst unverhältnismäßig schlechte Ergebnisse, die aber immer noch ausreichen, um im Studium weiterzukommen. Seinem übertrieben exzessiven Leistungsverhalten stehen deutliche Verhaltensdefizite im emotional-zwischenmenschlichen Bereich und in den Bereichen Freizeitverhalten und zweckfreie Kreativität gegenüber.

Da Herr A. mit sich allein wenig anfangen kann, sich auch nicht für besonders liebenswert hält, geschweige denn sich selbst mag, ist er emotional äußerst abhängig von seiner Partnerin. Von ihr erwartet er – was ihm aber gar nicht bewußt ist – die Erfüllung all der Wünsche und Bedürfnisse, die er seit seiner Kindheit vermißt und ersehnt hat. Er sucht bedingungslose, also nicht an seine Leistung gekoppelte Zuwendung und Wertschätzung, und er erwartet von außen die Liebe und Aufmerksamkeit, die er sich selbst nicht entgegenbringen kann. Allerdings kann er diese Wünsche nicht artikulieren. Alles, was er gelernt hat, ist ja, daß er mehr Leistung bringen müsse, um geliebt zu werden. Und je frustrierter und verwirrter Herr A. ist, desto starrer hält er an seiner Überlebensstrategie fest.

Der Teufelskreis, der nun entsteht, besteht darin, daß er sich die Erfüllung seiner Sehnsucht nach bedingungsloser Liebe selbst unmöglich macht: Zeigt ihm seine Partnerin ihre Liebe, so glaubt er, es geschehe allein wegen seiner Leistung, und ist enttäuscht, da dies seine Sehnsucht, bedingungslos, einfach als der, der er ist, geliebt zu werden, frustriert.

Die ganze Situation entwickelt nun eine Dynamik, die einer Verschlimmerung entgegenstrebt. Die Partnerin versteht Herrn A. nicht mehr, vermißt Äußerungen seiner Liebe, da sie nicht wissen kann, daß sein übersteigertes Leistungsverhalten ein »Schrei nach Liebe« ist. Sie erlebt ihn oft frustriert und abweisend, obwohl sie alles tut, um ihm ihre Liebe zu zeigen. Im Studium werden die Versagensängste immer stärker, und das gerade jetzt, wo Herr A. eigentlich einen positiven Ausgleich für all die anderen Probleme bräuchte. Auch hier entsteht ein Teufelskreis des »Mehr desselben«: Zunehmende Studienprobleme werden mit noch mehr Arbeit und Leistungsstreben beantwortet. Je mehr Herr A. sich aber selbst unter Druck setzt, desto stärker werden auch seine Versagensängste. Seine Prüfungsangst und Angst in Leistungssituationen wie Referathalten oder Gesprächen mit Professoren werden so stark, daß immer häufiger Streßsymptome wie Übelkeit, Schlafstörungen, Verspannungen auftreten. Herr A. befindet sich in der Konfliktphase.

Was er tun müßte, um aus diesem Teufelskreis herauszukommen, zeigt uns der Blick auf seine Verhaltensdefizite, aber auch auf seine Verhaltensexzesse, die diesen gegenüberstehen: Der Exzeß liegt im Leistungsbereich, in einem Mehr desselben als vermeintliches »Allheilmittel«, und im fruchtlosen Grübeln. Die Defizite liegen im Bereich des leistungsfreien, emotionsbezogenen Handelns sowie im zwischenmenschlichen Kommunikationsbereich.

Wenn er sich sagen würde: »Ich bin wertvoll und liebenswert, einfach, weil ich ein Mensch bin, und ich werde schon nicht tot umfallen, wenn ich die nächste Prüfung vergeige!«, dann würde er weniger Prüfungsangst haben. Denn dann wäre der Druck weg, sich selbst seinen Wert als Mensch jedesmal durch besondere Leistungen beweisen zu müssen. Und es ginge in seinem Studium nur noch um das, worum es tatsächlich geht: um die Inhalte und nicht um die Bestimmung des eigenen Wertes als Mensch.

Wenn Herr A. seine Leistungsexzesse abbauen und sich selbst auch ohne Leistungsdruck akzeptieren könnte, würde vermutlich auch in der Beziehung eine Entspannung entstehen. Er wäre dann nämlich weniger bedürftig nach Anerkennung und Zuwendung von außen, um sein bisher fragiles und ständig durch Mißerfolge bedrohtes Selbstbild zu stabilisieren. Er hätte dann auch realistischere, von einem Partner aus Fleisch und Blut erfüllbare Erwartungen, und er würde sich und ihr weniger Frustrationsgefühle vermitteln und insgesamt mehr Befriedigung erlangen. Außerdem hätte er mehr Zeit für sich und seine Partnerin.

Würde er es schaffen, neben dem Abbau der Exzesse auch die Defizite ein wenig auszugleichen, käme er vermutlich in ein völlig »gesundes Fahrwasser« und könnte glücklich leben. Aber selbst wenn unser Klient all dies so klar sähe, wie es hier dargestellt ist, könnte er es vermutlich dennoch nicht einfach so ändern!

Schließlich würden diese neuen Handlungen und Einstellungen seine bisherigen Ziele ignorieren und gegen seine zentralsten Grundeinstellungen verstoßen, die er in der Kindheit gelernt hat – und diese sind ja emotional sanktioniert. Er hätte also furchtbare Angst, alles zu verlieren, wenn er von seinem Klammern an Leistung abließe – so wie er in der Kindheit fürchten mußte, dann die Liebe und Zuwendung der Eltern zu verlieren. Er hätte das Gefühl, an dem Ast zu sägen, auf dem er sitzt. Außerdem müßte er sein Selbstbild und sein Weltbild den neuen Erfahrungen anpassen. Und der Mensch erträgt offenbar lieber bekanntes Leid, als sich auf unbekannte Freuden einzulassen.

Also »entscheidet« sich Herr A. – bzw. seine autonome Psyche – lieber für ein Symptom: Er bekommt eine Angststörung. Diese Wahl ist zwar keine gute Alternative, aber stellt immerhin eine Kompromißlösung dar. Erstens ist das Symptom eine Reaktion auf die Anspannungen und Fehleinstellungen, durch die die Konfliktphase gekennzeichnet ist. Zweitens erfüllt das Symptom den Zweck, vom eigentlichen Konfliktfeld abzulenken: Das »Kind« hat jetzt einen Namen – Angststörung – und kann somit wie ein Gegenstand behandelt werden, der nichts mit Herrn A. selbst zu tun hat. Das Symptom führt drittens dazu, daß der leidende Herr A. von seiner Freundin mehr Zuwendung erfährt und daß sie mehr Schuldgefühle hätte, wenn sie ihn gerade jetzt verließe. Viertens gibt das Symptom Herrn A. eine Art »Joker-Alibi« in Leistungssituationen: Er kann nun immer vor sich selbst und den anderen behaupten, daß er ja gern mehr geleistet hätte, wenn er nicht so ein »blödes« Symptom hätte. Der Leistungsdruck wird also reduziert. Fünftens muß Herr A. nun weder etwas tun noch umdenken. Er kann völlig passiv bleiben und braucht kein Wagnis einzugehen.

Das Symptom stabilisiert also die in der Kindheit erworbenen irrationalen Konzepte des Klienten und bestätigt seine verzerrte Selbst- und Weltsicht.

Herr A. hat eine Fülle von primären und sekundären Krankheitsgewinnfaktoren, die ihm seine »Entscheidung« schmackhaft machen.

Als weitere Alternative neben dem Zeigen einer neuen, gesunden Reaktion und der Symptomwahl steht Herrn A. noch die Möglichkeit offen, sich gar nicht zu entscheiden. Er würde dann eben akzeptieren, daß er viel Angst in Leistungssituationen hat, vielleicht sein Studium deshalb abbrechen und eine Beschäftigung finden, die mit weniger Anforderungen verbunden ist. Diese Alternative wäre die Resignation. Herr A. würde dann ein freudloses Leben unterhalb seiner Möglichkeiten führen – freudlos deshalb, weil er sich ohne »Leistungen« ja selbst nicht mag.

Die »ungesunden« Alternativen sind vorwiegend motiviert durch die Vermeidung unangenehmer Erfahrungen. Verhaltenstherapeuten sprechen hier von »negativer Verstärkung«. Die »gesunde« Wahlmöglichkeit ist die einzige, die zu positiven »Belohnungen« führen würde. Sie ist »positiv verstärkt«. Grundsätzlich ist es gesünder, solche positiv verstärkten Handlungen anzustreben – also einer Zugmotivation zu folgen –, als zu sehr durch Druckmotivation und negative Verstärkung bewegt zu sein.

Auf der Grundlage dieses allgemeinen Wissens über Verhaltensanalyse erfahren Sie in den folgenden Kapiteln, wie Sie im einzelnen vorgehen können, um mehr Klarheit in die Zusammenhänge Ihrer individuellen Probleme zu bekommen.

Der Blick durch das therapeutische Teleobjektiv

Beim Blick durch das therapeutische Teleobjektiv konzentrieren wir uns zunächst auf die »Mikroebene«. Das heißt, wir betrachten das Symptom oder Problemverhalten gleichsam mit dem Vergrößerungsglas. In den vorausgegangenen Schritten haben wir ja bereits entschieden, bei welchem Verhalten wir mit unserer Analyse beginnen wollen, und auf dieses Problemfeld konzentrieren wir uns nun. Dabei orientieren wir uns – wie immer in der Verhaltenstherapie – an den Prinzipien der Beobachtbarkeit und Prüfbarkeit der Hypothesen, die wir verfolgen, sowie am Prinzip der hypothesengeleiteten Optimierung: Kann eine Hypothese nicht bestätigt werden, verändern wir unsere Annahmen.

All dies mag vielleicht ein wenig unspektakulär und positivistisch erscheinen, aber ich halte dieses Vorgehen schlichtweg für das einzige dem Klienten gegenüber faire Procedere. So braucht er die Deutungen seines Verhaltens durch den Therapeuten nicht einfach kritiklos hinzunehmen, sondern kann jede Hypothese selbst im Alltag überprüfen und wird auch angehalten, dies zu tun.

Auch Sie können versuchen, einmal nur die unwillkürlichen Rückmeldungen Ihrer sozialen Umgebung auf Ihr Verhalten zu betrachten. Darüber hinaus können Sie Freunde gezielt um Rückmeldung bitten und dann Hypothesen über die Funktion Ihres Verhaltens aufstellen. Diese Hypothesen können Sie dann mittels entsprechender Verhaltenstests auf ihre Stichhaltigkeit hin überprüfen. Wenn Sie etwa meinen, Sie würden abgelehnt, wenn Sie einmal nein zu einem Bekannten sagen, probieren Sie 's doch gleich ein paarmal aus! Und halten Sie Ihre Vorstellungen nur dann weiter aufrecht, wenn sie der Überprüfung an den Tatsachen standhalten!

Der erste Schritt in der Verhaltensanalyse ist also eine möglichst genaue Beschreibung des Ist-Zustands. Viele wichtige und praktische Informationen über den Ist-Zustand bzw. das Problemverhalten erhalten wir mit der horizontalen Verhaltensanalyse.

Das SORKC-Modell oder die horizontale Verhaltensanalyse

Fred Kanfer erzählte mir einmal, man nenne ihn in den Vereinigten Staaten einfach »Mister Sork«. Dies liegt daran, daß er in vielen Veröffentlichungen das sogenannte S-O-R-K-C-Schema bekannt gemacht hat. Anhand dieses Schemas führen Verhaltenstherapeuten die horizontale Verhaltensanalyse durch.

- »S« steht für den Stimulus oder die Auslösesituation.
- »O« steht für den Organismus des beobachteten Menschen: Damit sind alle Merkmale der Person gemeint, die sie bereits als fixe Eigenschaften mitbringt. Das können körperliche Merkmale, aber auch relativ stabile Grundeinstellungen sein, welche die Reaktion auf »S« beeinflussen.
- »R« steht für die Reaktion, das sichtbare Verhalten, das auf drei Ebenen beobachtet wird: an den Körperprozessen, den Gedanken und dem motorischen Verhalten in der Situation.
- Bei »K« handelt es sich um die sogenannten »Kontingenzverhältnisse«. Damit ist gemeint, in welcher zeitlichen Verteilung und Regelmäßigkeit die Konsequenzen des Verhaltens auftreten.
- »C« schließlich steht für die Konsequenz des Verhaltens, die ja im Englischen mit »C« (consequence) geschrieben wird. Bei den Konsequenzen werden wieder die drei genannten Ebenen – Körperprozesse, Gedanken, motorisches Verhalten – unterschieden.

Zur Erläuterung ein Beispiel: Angenommen, ich gehe in einen Supermarkt, habe aber gerade kein Geld bei mir. Auslöser »S« ist eine Tafel Schokolade. Zur Auslösesituation »S« gehören ebenfalls alle für das Verhalten relevanten Situationsmerkmale, etwa die Positionierung der Ware, die schwer einsehbar ist und deshalb einen Diebstahl erfolgversprechend erscheinen läßt. Die Organismusvariable »O« beinhaltet das Ausmaß meines derzeitigen Hungers auf Schokolade. Je größer dieser ist, desto größer auch die Gefahr, daß ich einen Ladendiebstahl begehe. Weiterhin fallen alle meine Grundeinstellungen hinsichtlich Diebstahl unter die Organismusvariable. Es ist klar, daß diese Faktoren mein Verhalten »R« in der Situation beeinflussen.

»R« ist mein tatsächliches Verhalten in der Situation: Ich habe zwar Herzklopfen und feuchte Hände, denke aber gleichzeitig: »Ich kann es nicht ertragen, noch eine Minute ohne Schokolade zu sein!« Ich ergreife die Schokoladentafel und verstecke sie in meiner Jacke. Die Konsequenz »C« wäre dann, ob ich erwischt werde oder nicht. Werde ich erwischt, wäre das eine Bestrafung, welche diese Verhaltenstendenz in Zukunft abschwächen dürfte; werde ich nicht erwischt, werde ich mit Schokolade und dem Entgehen der gerechten Strafe belohnt. Also werde ich das Verhalten vermutlich öfter zeigen und Gefahr laufen, ein gewohnheitsmäßiger Ladendieb zu werden.

Die Kontingenzverhältnisse »K« werden erst relevant, wenn ein Verhalten öfter gezeigt wird. Beispielsweise wird ein Schüler, der von seinem Lehrer immer sofort für seine Unterrichtsbeiträge gelobt wird, sich wohl in Zukunft öfter melden. Belohnung in hundert Prozent der Fälle führt schnell zum Aufbau neuen Verhaltens. Ebenso wird ein Spieler häufiger spielen, wenn er ein paarmal nacheinander gewinnt. Endet aber die Zuwendung des Lehrers abrupt, oder verliert unser Spieler nur noch, so hört das gerade aufgebaute Verhalten auch schnell wieder auf. Man spricht in diesem Fall von »Löschung« das Verhaltens.

Stabil wird ein neu aufgebautes Verhalten am ehesten unter »intermittierender« Verstärkung. Diese Kontingenzbedingung liegt dann vor, wenn der Lehrer den Schüler zwar weiterhin lobt und beachtet, aber nicht mehr jedesmal, sondern in unregelmäßigen Abständen. Ebenso liegt intermittierende Verstärkung vor, wenn der Spieler manchmal, in unregelmäßigen Abständen zwar, aber eben doch gewinnt. Dies macht sein Spielverhalten besonders stabil.

Es liegt auf der Hand, daß diese Verstärkungsbedingungen die Auftretenshäufigkeit des Verhaltens in Zunkunft beeinflussen.

Mit anderen Worten: Es gibt in diesem Modell Wechselwirkungen der einzelnen Elemente. Der Stimulus »S« beispielsweise übt nicht nur Wirkungen aus, sondern ihn wahrzunehmen ist selbst Folge des aktuellen emotionalen und gedanklichen Zustands der Person. Wenn ich in einer Situation Angst habe, so achte ich unbewußt auf ganz andere Hinweisreize, als wenn ich gelangweilt oder ärgerlich bin. Außerdem wird die Person selbst durch neue Erfahrungen verändert. Die Konsequenzen haben also auch Einfluß auf die Organismusvariable. Wie Sie sehen, können die Verhältnisse der einzelnen Elemente zueinander äußerst komplex sein.

Alles in allem aber erhalten wir mit der horizontalen Verhaltensanalyse viele wichtige Informationen über die Problemverhaltensweisen bzw. den Ist-Zustand. Das Verhalten wird zunächst anhand der drei Ebenen Gedanken, Körperreaktionen, beobachtbares Verhalten und anschließend in seiner Häufigkeit, Dauer und Intensität beschrieben. Dann wird es mittels des SORKC-Modells funktional erklärt. Es wird also in den Kontext von vorausgehenden und nachfolgenden Bedingungen gestellt.

Weitere Betrachtungsweisen des Problemverhaltens

Weiterhin versuchen wir im verhaltenstherapeutischen Diagnostikprozeß, die Entwicklungsbedingungen des Problemverhaltens zu eruieren. Es geht hier darum zu klären, unter welchen Bedingungen das Verhalten erstmals auftrat, ob diese Bedingungen noch fortbestehen oder ob nun andere aufrechterhaltende Bedingungen vorliegen. Die Ergebnisse dieser Nachforschungen werfen auch ein Licht auf die Frage, ob das Problemverhalten vielleicht einen mißglückten Versuch der Lösung eines übergeordneten Problems darstellt.

Am Beispiel unseres Herrn A., des leistungsorientierten Studenten mit der Angstproblematik, wird klar, daß sein später problematisches Verhalten bereits in der Kindheit auftrat und das Ziel verfolgte, die Liebe der Eltern zu gewinnen. Bei seinem Verhalten handelt es sich also um den Versuch, ein anderes, grundlegenderes, schon vorher dagewesenes Problem zu lösen. Allerdings liegen die aufrechterhaltenden Bedingungen inzwischen eher im Bereich des Selbstbildes, das nun gestützt werden soll, als in dem Versuch, die Liebe der Eltern zu gewinnen.

Längerfristige Schwankungen im Problemverhalten werden ebenfalls untersucht und mögliche gleichzeitige Bedingungen erfaßt. Beispielsweise gibt es sogenannte »saisonale Depressionen«, die nur zu bestimmten Jahreszeiten auftreten.

Weiterhin ist zu prüfen, ob es Personen im Leben des Klienten gab, die möglicherweise als Vorbilder für die Problematik gedient haben könnten. Bei unserem Herrn A. etwa wäre als wichtiger Faktor für die Problementstehung das elterliche Modellverhalten zu untersuchen.

Schließlich ist noch interessant, wie der Klient sich selbst die Entstehung und Aufrechterhaltung seiner Problematik erklärt und wie er sich bisher mit seinem Problem arrangiert hat. Dabei ist neben der Eruierung eines möglichen sekundären Krankheitsgewinns auch wichtig nachzuprüfen, ob sich frühere Bewältigungsversuche als nicht zielführend erwiesen haben. Interessant ist ebenfalls, ob es Zeiten gegeben hat, in denen Besserungen auftraten. Solche »positiven Ausnahmen« geben vielleicht Hinweise auf mögliche gangbare Bewältigungswege. Und schließlich ist interessant, was der Klient unter keinen Umständen tun will, um eine Besserung zu erreichen, denn dies zeigt deutlich die Grenzen, die sich die Person aufgrund ihrer Einstellungen und Werthaltungen selbst setzt.

Das ABC der Gefühle

Für den Selbsthilfetherapeuten bietet sich eine etwas vereinfachte, aber viel praktikablere Methode der Verhaltensanalyse an. Sie wurde von Albert Ellis entwickelt und hat die moderne Verhaltenstherapie stark beeinflußt. Heute wird die von Ellis begründete rational-emotive Verhaltenstherapie (RET) dem umfassenden Methodenarsenal der Verhaltenstherapie als eine kognitiv orientierte Methode zugeordnet.

Die RET hieß zunächst »Rationale Therapie« – in Abgrenzung zur Psychoanalyse, in der Ellis ausgebildet worden war. Später nannte er sie »rational-emotive Therapie«, um die Förderung sowohl der rationalen Einsicht (im Kopf) als auch der emotiven Einsicht (im »Bauch«) zu betonen. In neuester Zeit spricht Ellis von »rational-emotiver Verhaltenstherapie«, um sich klarer zur methodenübergreifenden Verhaltenstherapie zu bekennen.

Ellis absolvierte zunächst eine Ausbildung als Psychoanalytiker und wandte sich in den frühen fünfziger Jahren den Erkenntnissen der damals noch recht jungen Verhaltenstherapie zu. – Die frühen Verhaltenstheoretiker erklärten Verhalten allein unter Zuhilfenahme von Auslösesituation (»S«) sowie Reaktion (»R«) und die darauf folgenden Konsequenzen (»C«). Sie stellten, um sich bewußt von der Psychoanalyse abzugrenzen, noch keinerlei Hypothesen über die »black box« auf, also über nicht direkt beobachtbare Prozesse im Organismus (»O«). – Außerdem beschäftigte Ellis sich intensiv mit Philosophie und stieß dabei auf den antiken griechischen Philosophen Epiktet, der gesagt hatte: »Nicht die Dinge beunruhigen die Menschen, sondern ihre Meinung über die Dinge ... Wenn wir also auf Schwierigkeiten stoßen, in Unruhe und Kümmernis geraten, dann wollen wir die Schuld niemals auf einen anderen schieben, sondern nur auf uns selbst, das heißt auf unsere Meinung von den Dingen« (Epiktet 1997).

Ellis hatte in seiner Zeit als Psychoanalytiker erkannt, daß viele psychische Probleme sich nur dann lösen lassen, wenn man zum einen die **Konfrontation** mit ihren Auslösebedingungen sucht und zum anderen dabei **neue Erfahrungen** macht, welche die Grundeinstellungen verändern. Seiner Meinung nach geschah dies in der Psychoanalyse, die sich in abstrakten Deutungen verstricke, viel zu wenig. An der damaligen Verhaltenstherapie lobte

Ellis zwar deren konkrete Verhaltensbezogenheit und ihre Betonung des wissenschaftlich Überprüfbaren. Allerdings mißfiel ihm ihr damaliger Fehlschluß, der Mensch werde – wie alle anderen Lebewesen auch – von den äußeren Konsequenzen seines Verhaltens gesteuert: Er lerne also analog der Ratte, belohntes Verhalten häufiger zu zeigen und bestraftes Verhalten künftig zu unterlassen.

Ellis versuchte nun, Epiktets Thesen und die Konkretheit der Verhaltenstherapie unter einen Hut zu bringen, und entwickelte das »ABC der Gefühle«. Wenn »nicht die Dinge die Menschen beunruhigen«, dann muß zwischen den Dingen (mit anderen Worten: dem Auslöser oder der Situation »S«) und der Beunruhigung (mit anderen Worten: der Reaktion oder der emotionalen Konsequenz) noch eine vermittelnde Instanz liegen, die bisher von der Verhaltenstherapie vernachlässigt wurde. (Heute finden wir diese vermittelnde Instanz im Punkt »O«, der Organismusvariablen in der »Verhaltensgleichung«.) Ellis nannte diese vermittelnde Größe »belief system«, das »System unserer Grundeinstellungen«.

Albert Ellis' Schema schlägt folgende Verfahrensweise vor:

- an Punkt »A« Auslöseereignisse zu identifizieren und zu beschreiben,
- an Punkt »B« all die Gedanken im ständigen inneren Selbstgespräch festzuhalten, die auf das Auslöseereignis hin stattfinden. Dies ist oft gar nicht so leicht, da viele dieser Gedanken automatisiert ablaufen, so daß es besonderer Aufmerksamkeit bedarf, sie sich bewußt zu machen.
- Punkt »C« schließlich repräsentiert alle Konsequenzen, welche die Verarbeitung der Situation »A«, vermittelt über unsere Einstellungen »B«, in uns auslöst: Dies sind Gefühle, Körperreaktionen und Verhaltenstendenzen.

Stellen Sie sich zum Beispiel vor, Ihr Chef läßt Sie zu sich bitten. Dies ist Punkt »A«. An Punkt »B« denken Sie vielleicht: »Ich bekomme eine Lohnerhöhung, oder er befördert mich, oder er lobt mich.« Folglich wären Sie an Punkt »C« stolz und glücklich, hätten Herzklopfen vor freudiger Erregung und den Handlungsimpuls, in die Luft zu springen. Ebensogut könnten Sie an Punkt »B« annehmen, Ihr Chef wolle Sie tadeln oder gar entlassen, und beides wäre in Ihren Augen schrecklich. Daraus würden an Punkt »C« Angst, Herzklopfen und der Handlungsimpuls wegzulaufen resultieren. Oder Sie denken (»B«): »Der will mir sicher wieder Überstunden aufbrummen! Er ist einfach ein unerträglicher Tyrann!« Und Sie würden Ärger, Magenschmerzen oder den Wunsch, eine Tür zuzuknallen, verspüren (»C«).

Ein anderes »A«: Es ist spät am Abend, und Ihre Partnerin ist noch nicht zu Hause. Ihr »B« könnte sein: »Es ist ihr vielleicht etwas Schlimmes passiert!« Und Sie hätten dann Angst (»C«). Genauso könnten Sie denken (»B«): »Sie liebt mich nicht mehr, weil ich ein Versager und nicht liebenswert bin, deshalb kommt sie nicht.« Und Sie würden sich depressiv fühlen (»C«). Freilich könnten Sie auch denken: »Prima! Endlich kann ich mal in Ruhe mit meiner Modelleisenbahn spielen!« Und Sie würden sich freuen (»C«).

Es hängt also im Sinne von Epiktet von Ihren Einstellungen und Gedanken ab, wie Sie sich fühlen, und nicht so sehr vom Auslöser. Natürlich sind die Gedanken (Ihre »Bs«), die Ihnen in der Situation durch den Kopf gehen, nur die Spitze des Eisbergs. Sie geben aber Hinweise auf Ihre Grundeinstellungen, welche Ihre psychosomatischen Reaktionen entscheidend prägen. Wie auch immer man diese Grundeinstellungen nun nennt – »Meinung von den Dingen«, wie Epiktet, oder »belief system«, wie Ellis –, wichtig ist, sich ihrer Bedeutung klar zu sein und sie sich ein wenig mehr als bisher bewußt zu machen.

Versuchen Sie doch einmal, Erlebnisse aus Ihrem Alltag gemäß dem Schema von Ellis zu strukturieren. Sie werden merken, daß dies zunächst gar nicht so einfach ist und Sie schon einige Übung brauchen, um »A« sachlich und ohne Wertung zu beschreiben, sich bei »B« wirklich die Gedanken bewußt zu machen und bei Punkt »C« tatsächlich Gefühle, Körperreaktionen und Verhaltenskonsequenzen aufzuschreiben anstatt Bewertungen oder Gedanken. Üben Sie dies jedoch mit Ausdauer, gerade weil es nicht leicht ist, statt gleich das Handtuch zu werfen. Denn es bringt Ihnen auf lange Sicht für Ihre konkrete Lebensbewältigung mehr, als über Ihr Schicksal zu grübeln oder verstiegene Thesen über Gott und die Welt aufzustellen.

Der Blick durch das therapeutische Weitwinkelobjektiv und das Gesamtbild Ihrer Probleme

Wenn Sie schon ein wenig Routine haben im Blicken durch das verhaltensanalytische Teleobjektiv, gehen Sie in Ihrem (selbst-) diagnostischen Prozeß nun einen Schritt weiter. Sie kennen jetzt die horizontale Verhaltensanalyse, das heißt, Sie können Verhaltenssequenzen mittels des SORKC-Modells von Fred Kanfer oder mittels der ABC-Analyse nach Albert Ellis strukturieren. Wenn Sie allerdings weiterhin nur so vorgingen, würden Sie bald einen Berg von einzelnen Verhaltenssequenzen anhäufen, ohne in diesem beziehungslosen, atomistischen Chaos eine Gestalt, ein Muster, einen Sinn erkennen zu können und ohne dabei wirklich mehr über sich selbst zu erfahren.

Sie könnten auf der Basis einer solchen Analyse zwar durchaus einzelne Verhaltensweisen ändern, aber grundlegende Änderungen, die in Bezug zu Ihren zentralen Lebensthemen stehen, können Sie damit nicht in Gang setzen. Außerdem würden Sie das riskieren, was der Verhaltenstherapie vor der »kognitiven Wende« lange Zeit vorgeworfen wurde: eine bloße Symptomverschiebung. Damit ist gemeint, daß beispielsweise eine Person, die sich das Rauchen abgewöhnt hat, statt dessen beginnt, Nägel zu kauen. Und zwar deshalb, weil sie übersieht, daß das Rauchen in ihrem größeren Lebenszusammenhang eine Folge der eigenen Selbstunsicherheit in sozialen Situationen darstellte. Und solange diese Selbstunsicherheit nicht behoben ist, werden sich in den entsprechenden sozialen Situationen immer wieder neue Problemverhaltensweisen einstellen, welche dieselbe Funktion erfüllen: Streßabbau und Ablenkung in der Angstsituation.

Beim Blick durch das therapeutische Weitwinkelobjektiv geht es um die Aufdeckung der übergeordneten Zusammenhänge. Gingen wir bisher verhaltens**analytisch** vor, steht jetzt ein synthetisch-ganzheitlicher Zugang im Vordergrund: Die Gesamtlandschaft wird betrachtet, und nicht mehr der einzelne Baum, der in der vorherigen Perspektive den ganzen Wald verdeckt haben könnte.

Diese ganzheitliche Perspektive stellt besondere Anforderungen an den (Selbst-)Therapeuten. Schließlich geht es nun darum, Zusammenhänge zu erschließen, die über das konkret Beobachtbare und Überprüfbare hinausgehen, ohne jedoch ins Phantasieren oder Fabulieren oder ins metatheoretische Dozieren zu gelangen. Darüber hinaus stellt der Schritt der Synthese gerade für den modernen Menschen eine besondere Schwierigkeit dar.

Das 20. Jahrhundert kann als das Jahrhundert des Verlustes der »Mitte« betrachtet werden. Es gibt keine allgemein anerkannten Metabetrachtungsweisen des Lebens und der Welt mehr, wie sie Religion oder naive wissenschaftliche Weltbilder in den Jahrhunderten vorher boten. In der Literatur wird der Zerfall des Selbst in Romanen wie »Ulysses« oder »Auf der Suche nach der verlorenen Zeit« eindrucksvoll deutlich. In der Malerei – besonders im Kubismus – wird die vormals als festgefügt gesehene Gestalt des Menschen buchstäblich zerlegt. Der Zweite Weltkrieg zerstörte mit seinen furchtbaren Vernichtungsmaschinerien nicht nur zahllose Menschenleben, sondern auch die Reste eines geordneten Weltbildes, in dem man – wenn auch vielleicht nur mühsam – alten Traditionen, Werten und Idealen anhing, sowie einer Menschensicht, die von dem prinzipiellen Glauben an das Gute und Edle im Menschen getragen wurde. Von »guten« Familienvätern bürokratisch begangene Greueltaten bewiesen jedoch eher die Banalität und Ubiquität des Bösen und Perversen.

Die Menschen des 20. Jahrhunderts erkennen, daß sie weder einen einzelnen Menschen noch die Welt an sich bewerten können, ohne irrational zu werden. Kein Mensch **ist** gut oder schlecht, er verhält sich lediglich so oder so. Sein wahres Wesen kann nie ganz erfaßt werden.

Bereits zu Beginn des Jahrhunderts »analysierte« – im Wortsinn: »zerlegte« – Sigmund Freud die vormals als gottgegebene Einheit aufgefaßte Seele des Menschen. Jeder einzelne wurde damit zu einem verwirrenden Kosmos von »Seelenatomen«. Die Mitte ging dabei jedoch verloren – ja, es schien sie sogar nie wirklich gegeben zu haben. Schon Freud empfand dies als unbefriedigend. Seine »analytische Methode«, wie er sie nannte, sollte zwar den modernen Menschen heilen. Gleichzeitig fühlte er sich aber einem großen synthetischen Ziel verpflichtet und versuchte ein Leben lang, diese Aufgabe zu lösen, eine jahrtausendealte Aufgabe übrigens: Im Tempel des berühmten Orakels von Delphi soll an die Wand geschrieben gewesen sein: »Erkenne dich selbst!« Der zu erkennende Mensch wird hier als eine erkennbare Einheit oder Ganzheit gedacht, während er in der Psychoanalyse zu einem auseinanderstürzenden Mikrokosmos ohne Einheit und Mitte wird.

Freud, der eine Vorliebe für Archäologie hatte, löste die Aufgabe, indem er bei dem Versuch, die oftmals verschlungenen Problemzusammenhänge seiner Patienten zu verstehen, sich einer u.a. auch in der Archäologie angewandten Methode bediente: dem hermeneutischen Zirkel. Und dies ist eine synthetische Methode.

Was verbirgt sich nun hinter diesem »hermeneutischen Zirkel«? Die Hermeneutik ist eine wissenschaftliche Erklärungslehre oder ein Interpretationsverfahren, welches z.B. in der Sprachwissenschaft, Geschichtswissenschaft und Archäologie angewandt wird. Es geht beim hermeneutischen Zirkel darum, möglichst viele bekannte Details um einen unbekannten Sachverhalt herum ausfindig zu machen, so daß auf dieser Faktengrundlage eine Hypothese oder eine Aussage über den unbekannten Sachverhalt mit minimaler Unsicherheit gewagt werden kann.

Ein Beispiel aus der Archäologie: Bei einem Tempelfund soll ermittelt werden, in welcher Zeitepoche dieser Tempel erbaut wurde. Dazu werden Texte, von denen man eine zeitgleiche Entstehung vermutet oder die sogar Aussagen über diesen Tempel enthalten, herangezogen. Oder es werden Fundstücke aus anderen Tempeln mit den Fundstücken aus diesem Tempel in Bezug gesetzt. Oder man entdeckt im Vergleich zu anderen Tempeln bauliche Besonderheiten. Aus all diesen bekannten Details – Textbezüge, ähnliche Funde, bauliche Besonderheiten – wird schließlich eine Hypothese über die zeitliche Entstehung des Tempels abgegeben. Die hermeneutische Methode ist also richtige Detektivarbeit.

Auch der Verhaltenstherapeut muß an einer Stelle im therapeutischen Prozeß beginnen, ganzheitlich-synthetisch zu arbeiten, will er nicht den Wald vor lauter Bäumen oder das Wort vor lauter Buchstaben übersehen oder – um mit Uexküll zu sprechen – die Melodie vor lauter Tönen überhören. Dabei versucht er aber nach Möglichkeit, auf dem Boden der Tatsachen zu bleiben und nicht beliebige assoziative Verknüpfungen herzustellen, die nicht mehr an beobachtbaren, objektiven Gegebenheiten zu überprüfen sind. Die Prinzipien der Überprüfbarkeit, der Ökonomie in der Hypothesenbildung und der hypothesengeleiteten Optimierung bestimmen sein Vorgehen. Das heißt im Klartext, daß Therapeut und Klient Vermutungen über Problemzusammenhänge anstellen, die anschließend überprüft werden, z. B. mittels gezielter Selbstbeobachtung des Klienten. Ziel ist – anders als von Freud intendiert – allerdings nicht, die Wahrheit zu entdecken, in der Erwartung, sie könne das Problem per se zu einer Lösung führen. Ziel ist, in konstruktiver Weise einen gangbaren Weg zu finden, der mit den beobachtbaren Gegebenheiten vereinbar ist.

Wie dies funktioniert, zeigt folgendes Beispiel: Eine meiner Klientinnen wurde als Kind von ihrem großen Bruder häufig verprügelt, ohne daß ihre Eltern, die beruflich sehr eingespannt waren, sie geschützt hätten oder ihr auch nur geglaubt hätten. Heute erlebt sie häufig scheinbar unbegründet auftretende Attacken von Übelkeit und Angst. Unsere Hypothese lautete, daß diese Attacken immer dann auftreten, wenn sie sich, wie in der Kindheit, hilflos einem realen, vermeintlichen oder sogar unpersönlichen Aggressor (etwa eine Behörde) ausgeliefert sieht. Durch Selbstbeobachtung konnte diese These bestätigt werden: Die Übelkeit trat auf, sobald ihr Partner sie unter Druck setzte, dem die Klientin aber aus Angst, verlassen zu werden, hilflos gegenüberstand. Sie trat auf bei Hilflosigkeitsgefühlen gegenüber Behördenforderungen und bei dem Empfinden von Aussichtslosigkeit hinsichtlich der eigenen Zukunft, die symbolisch personalisiert erlebt wurde: »Das Leben spielt mir übel mit!« Ob diese Hypothese nun »die Wahrheit« ist, ist nicht entscheidend. Entscheidend ist lediglich, daß sie »paßt« und eine Basis für die weitere Arbeit am Problem bietet. Denn entgegen Freuds Hoffnung, daß mit der Bewußtmachung des Unterbewußten der Patient gesund werde, heilt Erkenntnis allein eben doch nicht.

Die vertikale Verhaltensanalyse

In diesem nächsten therapeutischen Schritt geht es also darum, die horizontale Verhaltensanalyse um die vertikale Bedeutungsdimension zu ergänzen. Ziel der vertikalen Verhaltensanalyse ist, den Bedeutungskern des Problemverhaltens zu erschließen. Der Psychotherapieforscher Klaus Grawe definierte die Psychotherapie sogar einmal als »Veränderung von Bedeutung«.

Die Pläne, Regeln, Ziele, das Selbst- und Weltbild, die Überlebensstrategien und das Wertesystem eines Menschen beeinflussen – wenn auch in einer spezifischen Situation weitgehend unreflektiert, unbewußt, automatisch – sein Verhalten, sie prägen und gestalten es sogar wesentlich. Diese vertikale Verhaltenssteuerung ist meist sogar die viel entscheidendere Ursache eines bestimmten Verhaltens als die vermeintlich ursächliche äußere Auslösesituation.

Und genau die Anerkennung dieser Tatsache unterscheidet die alte Verhaltenstherapie von der neuen nach der »kognitiven Wende«. Nun wird eben doch versucht, in die black box zwischen Auslöser und Verhalten ein wenig Licht zu bringen. Albert Ellis war mit seiner rational-emotiven Therapie einer der Pioniere bei dieser Modifizierung. Bei dem Philosophen Epiktet fand er den entscheidenden Gedanken, welcher der vertikalen Verhaltensanalyse zugrundeliegt: Nicht die Dinge beunruhigen die Menschen, sondern ihre Meinung von den Dingen! Und dieser Satz gilt selbst und gerade dann, wenn uns diese Meinung gar nicht bewußt ist.

In der vertikalen Verhaltensanalyse werden die dem Verhalten – oftmals unbewußt – zugrundeliegenden Pläne und Regeln erschlossen. Dieses Regelsystem ist freilich nicht statisch wie bei einem Computerprogramm, sondern unvorstellbar komplex, variabel und dynamisch. Deshalb kann auch die Analyse immer nur einen hypothetisch-konstruktivistischen Charakter haben und sich den wahren Gegebenheiten bestenfalls im Sinne einer pragmatischen Vereinfachung annähern. Die Analyse dieser Regeln ist wohl der anspruchsvollste Teil der Therapie. Und ich möchte fast sagen, sie erfordert von Klient und Therapeut eine gewisse Kunstfertigkeit.

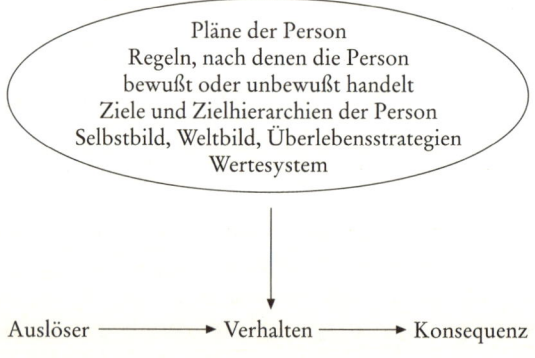

Pläne der Person
Regeln, nach denen die Person
bewußt oder unbewußt handelt
Ziele und Zielhierarchien der Person
Selbstbild, Weltbild, Überlebensstrategien
Wertesystem

Auslöser ⟶ Verhalten ⟶ Konsequenz

136

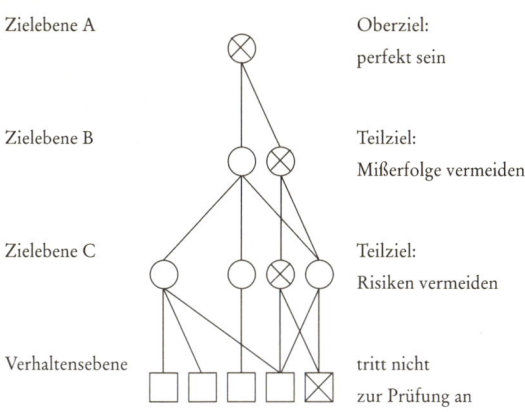

Zielebene A	Oberziel: perfekt sein
Zielebene B	Teilziel: Mißerfolge vermeiden
Zielebene C	Teilziel: Risiken vermeiden
Verhaltensebene	tritt nicht zur Prüfung an

Abb. 4: Regelsysteme auf unterschiedlich verhaltensnahen Ebenen (Abb. in Anlehnung an Kanfer, Reinecker und Schmelzer 1991, S. 288)

Das Regel- und Wertesystem bzw. die Ziele eines Menschen können – wie es obige Abbildung veranschaulicht – auf unterschiedlichen Abstraktionsniveaus betrachtet werden. Ein Mensch, der in der Kindheit ein perfektionistisches Selbstbild entwickelt hat, fordert in unserer Beispielhierarchie generell von sich, er müsse perfekt sein. Dieses wenig konkrete Oberziel läßt sich nun auf immer konkretere Ebenen »herunterdeklinieren« bis hin zur konkretesten Ebene, der Verhaltensebene, auf der das Verhalten, das dem Oberziel entspricht, direkt beobachtet werden kann.

Für die unterschiedlichen Lebensbereiche lassen sich entsprechend unterschiedliche Konkretisierungen feststellen. Im Leistungsbereich etwa finden wir bei der Person mit dem Oberziel »perfekt sein!« die Vermeidung von Situationen, in denen eine Wertung durch andere erfolgen könnte, oder wir finden eine unangemessen intensive Vorbereitung auf diese Situationen, so daß die Gefahr eines Mißerfolges minimiert wird. Im Freizeitbereich wird diese Person sich wenig neugierig zeigen, sondern lieber bei bekannten Tätigkeiten oder in gewohnten Umgebungen bleiben, um nicht das Risiko einzugehen, eine schlechte Figur zu machen. Das Gemeinsame, der rote Faden bei all diesen Verhaltensweisen ist das mit ihnen verfolgte übergeordnete und meist selbstwertrelevante Ziel.

Bei der vertikalen Verhaltensanalyse kann man »top down« oder »bottom up« vorgehen. Beim Vorgehen von oben nach unten werden in der Therapie zentrale Regeln erarbeitet, welche für den Klienten subjektiv offenbar von größter Bedeutung sind. Im weiteren Verlauf werden die immer konkreter werdenden Auswirkungen dieser Regeln bis hin zur Verhaltensebene vorhergesagt und mittels Selbstbeobachtung überprüft. Im umgekehrten Fall analysiert man viele konkrete Verhaltenssequenzen und abstrahiert anschließend den darin enthaltenen roten Faden, das Leitmotiv, das über die Situationen hinweg konstante Muster. Dies entspricht der hermeneutischen Methode.

Probieren Sie die Methoden »top down« oder »bottom up« doch einmal bei sich selbst aus. Wenn Sie von unten nach oben vorgehen, stellen Sie auf der Verhaltensebene etwa fest, daß Sie sich unauffällig kleiden, sich in Gruppen nicht exponieren und eher die mehrheitliche Meinung vertreten, daß Sie vorwiegend auf »Fassade« bedacht sind. Über verschiedene situationsspezifische Zwischenstufen erschließen Sie daraufhin die Oberregel »Du darfst auf keinen Fall auffallen!«. Ihr Bild von der Welt ist somit ein bedrohliches, und ihr labiles Selbstbild beinhaltet, daß Sie nur dann akzeptabel sind, wenn Sie sich überanpassen. Aus Angst, abgelehnt zu werden, behalten Sie Ihr strenges Verhaltensmuster bei.

»Top down« können Sie gut mit der Ellis-Methode arbeiten: Bei der ABC-Analyse konzentrieren Sie sich an Punkt »A« ja auf eine konkrete Auslösesituation. Um beim obigen Beispiel zu bleiben: Sie sitzen in einem Restaurant und stellen fest, daß Ihr Essen nicht heiß genug ist. Sie erleben an Punkt »C« Ärger und Angst, spüren Herzklopfen und haben die gegensätzlichen Verhaltenstendenzen, einerseits sich nichts anmerken zu lassen und sich sogar zu verstecken und andererseits Ihrem Ärger Luft zu machen.

Wenn Sie nun Ihre »Bs« analysieren – und dabei interessieren uns ja vor allem die »heißen Gedanken«, also die Muß-Forderungen, die Sie an sich und die Welt stellen, oder die Kathastrophenerwartungen, die Sie aufbauen, oder die globalen, undifferenzierten Abwertungen von Personen –, so stellen Sie möglicherweise folgendes fest: In Gedanken haben Sie zu sich gesagt: »Das Essen müßte bei den Preisen hier verdammt noch mal heiß sein! Aber das ist es nicht, und das ist eine Katastrophe! Das sind Verbrecher, Gauner!« Ihre »heißen Gedanken« sind also eine Muß-Forderung hinsichtlich des Essens in Restaurants, die Katastrophensicht sowie die globale Abwertung der anderen als »Gauner«. All dies erklärt Ihren Ärger, den Sie an Punkt »C« erleben. Warum aber drückt sich Ihr Ärger nicht in Verhalten aus?

Dies liegt offenbar daran, daß parallel noch eine andere B-C-Verknüpfung vorliegt: »Du mußt jetzt deine Klappe halten, sonst gibt es ein riesiges Aufsehen, und das darf auf gar keinen Fall passieren! Es wäre unerträglich peinlich, wenn dich plötzlich alle ansehen würden. Sie könnten schlecht von dir denken, dich als Störenfried betrachen, und das würdest du nie aushalten!« Und schon sind Sie bei der Oberregel »Du darfst auf keinen Fall auffallen!« angelangt.

Versuchen Sie einmal, mit diesen beiden Zugangsweisen zu Ihren Verhaltensregeln umgehen zu lernen. Sie können selbstverständlich auch beide Methoden kombinieren und mal von oben nach unten und dann wieder von unten nach oben vorgehen. Wenn Sie nach beiden Methoden verfahren, werden Ihre Schlußfolgerungen um so verläßlicher sein.

Das Gesamtbild Ihrer seelischen Landschaft

Der Blick durch das therapeutische Weitwinkelobjektiv wäre aber unvollständig, wenn er nur einen Überblick über Ihre verhaltenssteuernden Einstellungen liefern würde. Zusätzlich benötigen wir Informationen über die äußeren Rahmenbedingungen des Problemverhaltens. Wie schon erwähnt, steuern Alpha-, Beta- und Gammavariablen, also äußere Faktoren, unsere Psyche und körperliche Faktoren, unser Verhalten.

Die meisten Theoriesysteme, die sich mit menschlichem Erleben und Verhalten befassen, überbetonen einzelne dieser Faktoren auf Kosten anderer. Um diesen Fehler nicht zu wiederholen, wollen wir diese Einflußquellen beim Blick durch unser Weitwinkelobjektiv mit einbeziehen.

Gibt es körperliche Krankheiten oder Besonderheiten, die in Bezug zu den bearbeiteten Problemen stehen? Die Zuckerkrankheit etwa hat Einfluß auf die Alkoholwirkung und die männliche Potenz. Hormonstörungen oder Herzkrankheiten können mit Angstgefühlen oder anderen psychischen Prozessen einhergehen.

Welchen Einfluß haben gesellschaftliche Faktoren auf das Problem? Ein Homosexueller wird sich in einem kleinen Dorf anders verhalten als in einer Großstadt, wenn er soziale Stigmatisierung vermeiden will. Ein Ausländer hat möglicherweise Schwierigkeiten mit den Sitten und Gebräuchen eines Landes und mit der Mentalität der Leute. Bei den Streßproblemen eines Angestellten spielen vielleicht auch die organisatorischen Bedingungen an seinem Arbeitsplatz eine Rolle. Solche Rahmenbedingungen sollten in einer Therapie einmal besonders gründlich unter die Lupe genommen werden und daraufhin geprüft werden, ob etwaige Wechselwirkungen mit dem Problemverhalten vorliegen.

Auch für die horizontale Verhaltensanalyse brauchen wir mehr Informationen über die Landschaft, die Ihr Problemverhalten umgibt. Welche Problembereiche sind bisher zur Sprache gekommen? Wie hängen die einzelnen Problemfelder miteinander zusammen? Beispielsweise kann soziale Angst zu einer Erhöhung des Zigaretten- oder Alkoholkonsums führen. Oder die Unfähigkeit, nein zu sagen, führt oft sekundär zu Selbstabwertungen und somit zu depressiven Verstimmungen.

Ihr Hauptproblem, weswegen Sie sich in Therapie begeben haben, ist in der Regel in eine Vielzahl kleinerer Folgeprobleme oder sogar davon unabhängiger Probleme eingebettet wie ein Fluß in eine Landschaft. Dabei beeinflußt die Landschaft den Flußlauf ebenso, wie der Flußlauf langfristig die Landschaft verändert.

Bei dieser Großaufnahme Ihrer Problemlandschaft sollten Sie über einen gewissen Zeitraum auch beobachten, ob bestimmte Ereignisse immer eine Veränderung Ihres Problemverhaltens bedingen. Beispielsweise neigen Zahnschmerzen ja bekanntermaßen dazu, immer dann nachzulassen, wenn man fest entschlossen ist, endlich zum Zahnarzt zu gehen ... Oder Sie bemerken etwa, daß Ihre Depressionen immer dann aufhören, wenn Ihr Partner sich Ihnen vermehrt zuwendet. Dies würde auf einen Einfluß der Umgebungsfaktoren – Alpha-Variable – hindeuten, was bei der Planung von geeigneten Behandlungsschritten berücksichtigt werden muß.

Weiterhin sollten Sie sich Ihre Problemlandschaft einmal daraufhin ansehen, ob es Einwirkungen einzelner Problemfelder auf andere Bereiche gibt und ob es sich dabei um Wechselwirkungen handelt oder um eine einseitige Auswirkung. Sie können die Wirkungsweisen gut in einem Bild darstellen: Wählen Sie als Symbole für die verschiedenen Lebensbereiche und Problemfelder Kreise und stellen Sie die Wirkungen der Bereiche aufeinander durch Pfeile dar. Sie werden dabei schnell feststellen, daß es zentrale Bereiche gibt, von denen viele Wirkungen ausgehen und/oder auf die viele Einflüsse ausgeübt werden. Soziale Angst etwa wirkt sich in fast jedem Lebensbereich aus, hat also Einfluß auf das Verhalten im Beruf, in der Freizeit, dem anderen Geschlecht gegenüber usw. Auch umgekehrt wirken sich Berufsprobleme, Partnerschaftsprobleme, aber auch Erfolge in anderen Bereichen auf die Angstbereitschaft aus.

Anhand dieses Problemgemäldes können Sie sich nun schon einmal Gedanken darüber machen, welche Elemente Ihres Bildes sich leicht, schwer oder gar nicht ändern lassen. Vielleicht bestehen bei Ihnen auch schon gewisse Entwicklungstendenzen, die nur verstärkt zu werden brauchen.

Entscheidend ist zuletzt noch, ob es Grenzen in Ihrer Problemlandschaft gibt, die nie überschritten werden dürfen. Diese Grenzen stehen vermutlich in engem Zusammenhang mit Ihren Verhaltensregeln oder Grundeinstellungen, mit denen Sie Ihr Verhalten auf hohem Abstraktionsniveau steuern. Zu denken wäre in diesem Zusammenhang beispielsweise an ein Paar, das sich in Haßliebe alle nur vorstellbaren Bosheiten antut, sich aber niemals trennen würde.

Am Ende dieses Schritts im Behandlungsprozeß steht ein Gesamtbild oder -modell Ihrer Problematik, vergleichbar dem Modell eines geplanten Gebäudes, wie es Architekten aus Pappmaché anfertigen. Es muß nicht exakt sein, vielmehr anschaulich und plausibel. Anhand dieses Störungsmodells soll Ihnen klar werden, warum Sie Ihre Problematik haben, wie Sie sie bisher aufrechterhalten haben und an welchen Stellen Sie ansetzen können, um effektiv eine Veränderung einzuleiten. Dieses Modell kann Ihre Problematik freilich nur annähernd darstellen, und es muß veränderbar sein, sofern neue Sachverhalte offenbar werden.

Vor allem bei Kindern – aber auch bei Erwachsenen, da die menschliche Entwicklung ja nie völlig abgeschlossen ist – ist immer auch auf der Makroebene zu prüfen, ob es derzeit sich abzeichnende Entwicklungsaufgaben gibt, welche die Symptomatik möglicherweise (mit) zum Ausbruch gebracht haben. Diese ins Stocken geratenen Entwicklungsprozesse müssen im weiteren Verlauf der Therapie wieder in Gang gesetzt und gefördert werden. Andernfalls sind keine dauerhaften Veränderungen zu erhoffen.

Nehmen Sie sich die Zeit und machen Sie sich mit Ihrem Modell vertraut! Durchdenken Sie es, besprechen Sie es mit Freunden oder anderen vertrauten Personen, die Ihnen ruhig auch Verbesserungsvorschläge machen oder zusätzliche Hinweise geben können. Denn stimmt das Fundament nicht, kann das, was man darauf errichtet, auch nicht von Dauer sein!

4. Schritt: Die Zielanalyse

Grundlegende Gedanken zur Zielanalyse

Friedrich Nietzsche sagte einmal, der Mensch ertrage fast jedes Wie, wenn er nur ein Warum habe. Das Wie Ihres künftigen Handelns haben Sie mit den Methoden der Verhaltensanalyse schon ein wenig erkundet. Jetzt gilt es, darüber hinaus ein Warum zu finden, also einen Grund, warum Sie sich ändern sollten.

Der Psychoanalytiker und Freud-Schüler Alfred Adler war einer der ersten Psychologen, der die Ziele eines Menschen in den Vordergrund der Betrachtung stellte. Er nannte sein Behandlungskonzept – in Abgrenzung zu Freud – »Teleoanalyse«, was soviel heißt wie »zielorientierte Psychoanalyse«. Darin geht es darum, die irrationalen oder selbstschädigenden Ziele einer Person zu erkennen und durch angemessenere zu ersetzen. Die rational-emotive Therapie von Albert Ellis ist von diesem Gedankengut stark beeinflußt.

Ohne ein Ziel kann man kein Problem einkreisen, allenfalls Klagen, Beschwerden oder unangenehme Tatsachen vor sich haben. Ein Problem ist schließlich als Ist-Soll-Diskrepanz definiert. Und ohne ein konkretes Ziel erliegen wir Menschen leicht dem Utopie-Syndrom, bei dem wir einfach »irgendwie glücklich« sein wollen. Glücklich sind wir – wie Mihaly Csikszentmihalyi ja herausfand – aber nur, wenn wir um die Erreichung von Zielen kämpfen.

Im therapeutischen Reisebüro: Ziele selbst bestimmen

Fred Kanfer führt in seinen Wochenend-Workshops für Therapeuten in der Ausbildung gerne ein Rollenspiel durch, um in das Thema »Zieldefinition in der Verhaltenstherapie« einzuführen. Dabei spielt er den Mitarbeiter eines Reisebüros, und ein Teilnehmer soll den Part des Kunden übernehmen. Dieses Spiel verdeutlicht die typische Ausgangssituation eines Klienten, der zwar großen Leidensdruck, aber noch keine klare Zielvorstellung hat. In einem Reisebüro wäre er ein Kunde, der nur weiß, wo er nicht länger sein will – nämlich da, wo er gerade ist! So wie in folgendem Dialog:

Berater: Sie wünschen?

Kunde: Bringen Sie mich nur weg von hier! Ich halte es einfach nicht mehr aus!

Berater: Wohin soll die Reise denn gehen?

Kunde: Keine Ahnung, Hauptsache, dort ist es besser!

Berater: Bevorzugen Sie warme Länder oder wollen Sie Wintersport betreiben? Wandern Sie gerne oder liegen Sie lieber am Pool? Sind Sie kulturell interessiert oder lieben Sie schöne Landschaften?

Kunde: Darüber habe ich mir noch gar keine Gedanken gemacht!

Berater: Na gut, aber Sie wissen doch sicher, ob Sie mit dem Flugzeug, dem Schiff oder der Bahn reisen wollen – oder fahren Sie mit dem eigenen Pkw?

Kunde: Keine Ahnung. Sie müssen mir das doch sagen können! Das ist doch Ihr Beruf!

Es ist bei der Zielbestimmung nicht Aufgabe des Therapeuten, Vorschläge zu machen oder einen Lebenssinn anzubieten. Schließlich ist er kein Philosoph. Er muß über die Förderung von Veränderungsprozessen, also über den Weg Bescheid wissen, das Ziel kann er nicht vorgeben. Der Therapeut muß bescheiden, aber mit Nachdruck die Frage nach dem Wohin stellen – die Antwort jedoch obliegt jedem einzelnen Klienten. Ja, keiner von uns kommt um die Zieldefinition für sein eigenes Leben herum.

Allerdings muß sich der Therapeut fragen, an der Erreichung welcher Ziele er bereit ist mitzuarbeiten. Für mich z. B. sind alle

Arten von Zielen akzeptabel, solange sie lebensbejahend sind. Selbst- oder fremdschädigende Ziele oder Ziele, die allein auf Macht- und Besitzvermehrung oder auf kaltes Luststreben ausgerichtet sind, lehne ich als therapeutische Ziele ab.

Rationale und irrationale Ziele

Die Zielbestimmung muß jeder für sich selbst leisten. Es gibt keine objektiven und verbindlichen Vorschriften dafür, wie man »richtig« zu leben habe – sieht man einmal von religiösen oder weltanschaulichen Vorstellungen ab. Und es gibt auch keinen eindeutigen und verläßlichen Maßstab dafür, was sinnvoll und rational oder falsch und irrational ist. Nur unsere eigenen Lebensziele entscheiden – freilich innerhalb des vorgegebenen Rahmens aus physiologischen Faktoren und anderen unabänderlichen Bedingungen – darüber, welches Handeln zielführend und somit rational oder selbstschädigend und somit irrational ist.

So ist es etwa rational, hart zu arbeiten, wenn ich als Oberziel gewählt habe, Millionär zu werden. Dasselbe Verhalten ist jedoch völlig unsinnig, wenn ich dadurch familiäres Glück zu erlangen suche. Es ist rational, zu hungern und mich zu kasteien, wenn mein Oberziel Schlankheit um jeden Preis ist oder wenn ich damit ein religiöses Ritual praktiziere, aber irrational, wenn ich einfach nur gesund bleiben will. Es ist rational, viel für meine Kinder zu tun, wenn ihr Wohlergehen mein Ziel ist, aber irrational, wenn es mir dabei vor allem um meine eigene Selbstentfaltung geht.

Um die Sache noch zu verkomplizieren: Scheinbar irrationales Verhalten ist manchmal äußerst rational. Ein gutes Beispiel dafür sind die Ermittlungsmethoden des Inspektor Colombo. Gerade sein auf den ersten Blick dümmlich-weltfremdes Verhalten ist langfristig sehr zielführend, da es das Gegenüber in vermeintlicher Sicherheit wiegt, gleichzeitig aber ermüdet und daher zu Fehlern verleitet. Dieselbe Taktik verfolgte Cassius Clay in seinem berühmten Kampf gegen George Forman. – Jan Phillip Reemtsma beschreibt diese intelligente Kampftaktik in seinem Buch »Mehr als ein Champion« (Reemtsma 1997), ein sehr lesenswertes Buch übrigens, da es viel Weisheit über Kampf und Umgang mit Niederlagen und Rückschlägen im allgemeinen enthält. – Cassius Clay war seinem Gegner an Körperkraft weit unterlegen, viele befürchteten sogar, Forman werde Clay im Ring umbringen. Cassius nutzte seine Schwäche und stand scheinbar irrational über mehrere Runden in einer Ecke des Rings mit schützend angehobenen Armen und Fäusten. Viele dachten deshalb, er versuche gar nicht erst, den übermächtigen Gegner zu besiegen. Und dann – nach mehreren solchen Runden – wendete sich plötzlich das Blatt, und Clay schlug eine Serie schneller Schläge gezielt auf Formans Kopf, die der überraschte und erschöpfte Gegner weder abzuwehren noch zu parieren in der Lage war: Und »Goliath« ging zu Boden.

Auch im Alltag gibt es irrationales, sogar »idiotisch« anmutendes Verhalten, das aber in seinem Kontext durchaus Sinn offenbart: Beispielsweise gibt es Studenten, die sich erst in Leistungsdruck und Panik hineinsteigern müssen, um endlich arbeiten zu können. Es gibt Künstler, die sich bewußt in die Tiefen des Lebens hineinbegeben, um kreativ arbeiten zu können. Ebenso gibt es Menschen, die sich in Depressionen oder Hysterie hineinsteigern müssen, um Schuldgefühle zu überwinden und zielstrebig etwas für sich zu tun.

All diese Handlungen sind nur scheinbar irrational, langfristig jedoch durchaus zielführend und damit rational. Man muß Verhalten also sehr genau und über einen längeren Zeitraum hinweg beobachten, um nicht vorschnell falsche Urteile zu treffen und zielführendes mit zielschädigendem Verhalten zu verwechseln.

Die Langfristigkeit von Zielen

Tiere handeln mehr oder weniger instinktgebunden. Sie denken nicht darüber nach, wie sie sich verhalten sollen. Auch ihre Verhaltensmotivation verläuft quasi automatisch. Der Mensch dagegen zeichnet sich durch ein hochkomplexes, flexibles Verhalten aus, das großenteils nicht mehr biologisch festgelegt ist, das unter einer weitreichenden Zeitperspektive betrachtet werden muß und das langfristige Ziele benötigt.

Berufsausbildung, berufliche Aufgaben, Partnerschaft, Kindererziehung, Verarbeitung einer möglicherweise chronischen Krankheit, Gestaltung der Freizeit – all dies erstreckt sich oft über Jahre oder Jahrzehnte. Die Steuerung und Aufrechterhaltung eines einigermaßen geordneten und über die Zeit stabilen Verhaltens verlangt langfristige Ziele als motivationale Quelle. Mangelt es nämlich an klaren, konfliktfreien und langfristigen zentralen Zielen, so tritt leicht der für unsere Zeit so typische Verlust der Mitte und der atomistische Zerfall der Person in Teilsegmente ihrer Persönlichkeit auf.

Das problemanfällige und höchst widersprüchliche Wesen Mensch verfügt über eine Erkenntnisfähigkeit, welche weit über seine biologisch begrenzte Lebensspanne hinausreicht – so weisen auch unsere Ziele nicht selten über unseren Tod hinaus. Die Spannung, die sich daraus ergibt, daß wir zwar langfristige Ziele brauchen, unsere Lebenserwartung aber zugleich eine begrenzte ist, birgt eine ganz eigene Problematik: Eltern, die auf »ewig« am Leben ihrer Kinder teilnehmen wollen; Künstler, die die Vervollkommnung ihrer Fähigkeiten am liebsten bis ins Unendliche treiben würden; Wissenschaftler, die alle Mauern des Nicht-Wissens niederreißen möchten; Unternehmer, die ihre Geschäfte immer weiter expandieren sehen wollen – ihrer aller Pläne sind von Sinnlosigkeit bedroht in Anbetracht der eigenen Sterblichkeit. Mühsam verfolgen wir unsere Ziele ein Leben lang, um am Ende alles zurücklassen zu müssen ...

Man kann mit der Problematik der eigenen Begrenztheit sehr

unterschiedlich umgehen: Man kann sich etwa über seine Religiosität oder Weltanschauung damit abfinden. Oder man sagt, der Weg ist das Ziel, und setzt sich daher Ziele, bei denen bereits der Versuch, sie zu erreichen, Freude macht. Der Verhaltenstherapeut versucht zunächst, die Beschäftigung mit Zielen anzuregen und ihre Bewußtheit beim Klienten zu erhöhen, ganz egal, wie unmöglich oder unrealistisch sie sein mögen. Erst nachdem diesen anfänglichen Phantasiespielen ausreichend Zeit eingeräumt wurde, folgen die im weiteren dargestellten Konkretisierungen.

Die Erreichbarkeit von Zielen

Ziele können janusköpfig sein: Sie können stärken und uns zum Handeln antreiben, sie können aber auch schwächen und dazu führen, daß wir den Kopf in den Sand stecken. Die Phantasiewelt eines Menschen kann eine Motivationsquelle und Strategie für das Erreichen von Zielen darstellen – aber sie muß in einem gesunden Realitätsbezug verankert sein. Wird der konkrete Lebensbezug nicht hergestellt, schwächen uns Phantasien und Utopien mehr, als sie uns nützen.

Ernst Bloch hat sich in seinen Überlegungen zum »Prinzip Hoffnung« mit dem ambivalenten Aspekt von Zielen beschäftigt. Dieser Philosoph erkennt im ubiquitären Zustand des Mangels eine menschliche Grundbefindlichkeit. Jeder lebende Mensch leidet Mangel. Aus dem Mangel erwachsen Hoffnungen über einen Zustand der Abwesenheit des Mangels. Bleiben diese Hoffnungen aber bloße Träumereien, so hemmen sie die Realitätsbewältigung. Werden sie konkrete Ziele mit Realitätsbezug, so sind sie der vielleicht wichtigste Motor unseres Verhaltens, unserer Lebensbewältigung und unseres persönlichen Wachstums.

So kann ein Jugendlicher frustriert in eine Traumwelt fliehen und sich vorstellen, er sei ein »Backstreet Boy«. Er kann sich aber auch eine Gitarre kaufen und Unterricht nehmen. Vielleicht wird er nie berühmt, aber er wird viele neue Erfahrungen mit sich und der Welt machen und dabei reifen.

Jeder Mensch hat mehr Wünsche und Träume, als er jemals umsetzen kann. Diese »Überproduktion« von Wünschen ist für die Realitätsanpassung des Menschen von größter Bedeutung. Vereinfacht ausgedrückt, ich muß immer eine Vielzahl von Träumen zur Auswahl haben, damit ich dann, wenn das Leben mir die Chance für die Umsetzung eines Traums bietet, auch schnell zugreifen kann. Hätte ich nur einen Traum, wäre das quasi nur ein Los in der Lotterie des Lebens und damit relativ chancenlos. Es ist also gesund zu träumen, solange man mit einem Bein auf dem Boden der Tatsachen bleibt. Es ist ebenso gesund, die Dinge leicht positiv verzerrt zu sehen. Notorische Realisten werden leicht depressiv.

Für den Verhaltenstherapeuten und den Klienten ist es deshalb wichtig, konkrete Ziele zu finden. Und sie sollten verhaltensnah formuliert sein. »Ich will weniger depressiv und irgendwie glücklich sein!« ist als Ziel zu global ausgedrückt. Sie sollten sich statt dessen überlegen, bei welchen Handlungen oder in welchen Kontexten Sie sich wohl fühlen, und dann möglichst klar sagen: »Bei körperlichen Aktivitäten fühle ich mich recht gut, also will ich in Zukunft regelmäßig Sport treiben.« Oder: »Ich will mehr mit Leuten zusammensein, die keine Leistungsansprüche stellen.« Oder: »Ich will mich gesünder ernähren.« – »Ich will einen Sprachkurs besuchen.« usw.

Vage Oberziele werden also in konkrete Einzelziele »zerlegt«. Die Schritte, die dazu führen, werden dann nach dem Prinzip der ergebnisabhängigen Optimierung mit zunehmender Erfahrung weiter ausgefeilt und den tatsächlichen persönlichen Bedürfnissen angepasst.

Fred Kanfer wird nicht müde, in der Therapeutenausbildung zu betonen: Motivation ist zielgerichtetes Handeln! Solange Sie also keinen Handlungsbezug zwischen Traum und Wirklichkeit finden, verzehren Ihre Träumereien Ihre Kraft, und Sie machen keine hilfreichen neuen Erfahrungen, die ja das Kernstück der als »Erlebenstherapie« aufgefaßten Verhaltenstherapie darstellen!

Momentanes Anliegen oder wahres Ziel?

Wir haben schon im Zusammenhang mit der vertikalen Verhaltensanalyse von der hierarchisch strukturierten Plananalyse gesprochen. Analog dazu kann man sich die Zielanalyse einer Person vorstellen. Es gibt zentrale und weniger zentrale Ziele, Oberziele und daraus abgeleitete Teilziele. Und selbstverständlich hängen diese Ziele eng mit dem subjektiven Wertesystem und den Plänen einer Person zusammen. Therapieziele sind deshalb nur dann erfolgversprechend, wenn sie sich zumindest teilweise mit den zentralen Lebenszielen einer Person decken.

Allerdings gestaltet sich die Klärung von Therapiezielen in der Praxis nicht gerade einfach. Einen Grund dafür nennt der Verhaltensforscher E. Klinger (Klinger in: Halisch und Kuhl 1987), nämlich die »current concerns«, also die »momentanen Anliegen« oder »momentanen Interessen«. In jedem Augenblick unseres Daseins befinden wir uns buchstäblich im Griff mehrerer dieser CCs. Beispielsweise will ich jetzt an meinem Buch weiterschreiben, habe aber auch Hunger, und außerdem beginnt gleich ein Film im Fernsehen, den ich gerne sehen würde. Dann will ich aber auch noch über die eine oder andere Unklarheit in meinen heutigen Therapiekontakten nachdenken, und ich merke obendrein, daß ich müde bin. Es ließen sich noch mehr aktuelle Anliegen aufzählen, die mich in diesem Augenblick bewegen.

Weil diese CCs so schnell kommen und gehen, in den Vordergrund treten oder im Hintergrund stehen, ist strenggenommen immer nur eine Momentaufnahme einer Situation möglich. Gestalttherapeuten konzentrieren sich sehr stark darauf, welche CCs momentan im Vordergrund stehen und die »Figur« bilden und welche nur den »Hintergrund«. Sie meinen, ein unerledigter CC, ein »offenes Geschäft«, behindere unsere sonstigen Aktivitäten und könne zu Störungen führen.

Ein Motivationszyklus beginnt mit dem mehr oder weniger bewußten Entschluß, etwas zu tun, und endet mit dem Loslassen – egal, ob eine Handlung ausgeführt wird oder unverrichteter Dinge aufgegeben wird. Die CCs stehen zwischen diesen beiden Polen. Der Bogen ist zwar bereits gespannt, aber der Pfeil fliegt noch nicht.

Ein berühmt gewordenes Beispiel berichtet der Psychologe B. Zeigarnik (Zeigarnik 1927): Bei einem Café-Besuch fiel ihm auf, daß eine Kellnerin alle für sie relevanten Details, etwa die von den Gästen konsumierten Speisen und Getränke, im Kopf behalten kann. Aber nur so lange, bis der Gast bezahlt hat – dann erfolgt das Loslassen, und andere CCs treten in den Vordergrund.

Wie wir wissen, ist menschliches Verhalten immer zielgerichtet und motiviert. Dies gilt auch für Verhaltensweisen, die im Alltag oft unbewußt und weitgehend automatisiert ablaufen. Das Verhalten der Kellnerin ist ein gutes Beispiel dafür. Aber auch unsere Ziele sind in ständigem Fluß und oftmals unbewußt. Im Sinne von Zeigarnik können Ziele aktiviert bleiben, aber vorübergehend in den Hintergrund treten, bis sie wieder durch die passende Situation in den Vordergrund geholt werden: wenn etwa im Beispiel der Kellnerin der Gast zahlen will.

Manche CCs können sich sehr ausdauernd halten und mehr als ein momentanes Interesse sein, wenn sie im Wertesystem des jeweiligen Menschen eine Entsprechung finden. Dies trifft etwa auf mein momentanes Anliegen zu, dieses Buch zu schreiben, oder für Anliegen hinsichtlich Ausbildungen, langfristigen Beziehungen etc.

»Unerledigte Geschäfte« prägen unser Leben vielleicht mehr, als uns einzugestehen lieb ist. Dies ist ja die große »Kränkung«, die Sigmund Freud der Menschheit zufügte, indem er aufzeigte, in welchem Ausmaß wir unsere unerledigten Geschäfte zum Teil Jahrzehnte später noch auf Menschen übertragen, die mit ihrer ursprünglichen Entstehung gar nichts zu tun haben und oft nicht wissen, wie ihnen geschieht. Solche Übertragungen treten besonders dann auf, wenn uns eine Erfahrung im Rahmen einer bedeutsamen emotionalen Beziehung sehr berührt hat.

Wenn ich mich beispielsweise von meinem Vater immer geachtet und gerecht behandelt gefühlt habe, werde ich eine entsprechende Erwartung auch auf spätere Autoritätspersonen oder gar Institutionen übertragen. Wenn ich dagegen von meinem Vater nie die erhoffte Anerkennung erfahren habe, werde ich vielleicht Jahre nach seinem Tod stellvertretend um die Anerkennung meines Chefs kämpfen. Und dieser wird möglicherweise sehr erstaunt sein, wenn ich mit fast infantilem Stolz oder mit übergroßer Verzweiflung auf seine Rückmeldungen reagiere. Wenn Sie diesen Sachverhalt einmal mit offenen Augen bei sich und anderen beobachten, so werden Sie selbst eine Fülle von weiteren Beispielen entdecken können.

Bei all dem Chaos an momentanen Interessen, das uns von der Findung unseres eigentlichen Ziels abhält, sehen wir Land, denn: CCs lassen sich durch gezielte Selbstbeobachtung bewußt machen bzw. in kontrollierte Informationsverarbeitung (controlled processing) umwandeln.

Diese Bewußtmachung der CCs ist möglich, da unsere Gedanken, Erinnerungen, Tagträume und Phantasien in Beziehung zu ihnen stehen. Wir wenden unsere Aufmerksamkeit bevorzugt Hinweisreizen zu, die mit diesen aktuellen Zielen assoziiert sind. Ist also mein momentanes Anliegen Hunger, so werde ich besonders sensibel sein für mein Magenknurren und für die Hamburger-Reklame auf der Litfaßsäule oder im Fernsehen. Ich werde bei allen nur denkbaren Anlässen etwas assoziieren oder tagträumen, das mit Essen zu tun hat, und auch entsprechende Gedanken und Erinnerungen werden auftauchen – so lange, bis ich satt bin oder wichtigere CCs in den Vordergrund treten.

All die oben genannten »kognitiven« – oder einfach: geistigen – Prozesse wie Aufmerksamkeit, Erinnern usw. können »instrumentell« oder – was dasselbe heißt – »operant« sein. Das heißt, sie sind dann bewußt gesteuert und entsprechen unseren bewußten Zielen. Wenn ich etwa diese Seiten schreibe, kommen mir Ideen, Gedanken und Erinnerungen, die ich zum Weiterschreiben benötige.

Sie können aber auch »respondent« sein. Respondente geistige Prozesse sind spontan, unwillkürlich und reaktiv. Und diese respondenten geistigen Prozesse sind für die Bewußtmachung unserer »wahren« Ziele besonders wichtig! Respondente geistige Prozesse sind unsere Träume, Tagträume, Phantasien, Gedankenblitze, plötzliche Einfälle oder auch »Fehlhandlungen« wie Versprecher. Und diese oft verleugneten Aspekte unseres Seelenlebens sprechen nicht selten eine ganz andere Sprache als unser »zensiertes« Bewußtsein. Obendrein sind diese Hinweise auf unsere Ziele sehr viel ich-näher und authentischer als alle bewußt gedanklich konstruierten Zielsetzungen.

Deshalb sind sie auch für den Therapieprozeß so bedeutsam: Schließlich wollen Sie ja nicht an Ihrem falschen, fassadenhaften Selbst »weiterbasteln«, sondern Ihre wahren, echten und ursprünglichen Bedürfnisse erkennen und in Zukunft besser befriedigen lernen.

Schon Sigmund Freud unterschied »primärprozeßhafte« Seelenregungen von »sekundärprozeßhaften« Äußerungen unserer Psyche. Und er meinte damit genau die oben erläuterte Unterscheidung von respondenten und instrumentellen/operanten geistigen Prozessen. Primärprozeßhaft ist beim Kleinkind noch jede Seelenaktivität. Alle psychischen Prozesse spiegeln die wahren Empfindungen, Gefühle und Bedürfnisse des Kleinkindes. Später aber, wenn der Mensch ein Selbstbild, Selbstkonzept oder Selbstideal verinnerlicht hat, erfahren alle primären Impulse eine sekundäre Überarbeitung und Zensur. Bewußt werden dann vornehmlich solche Inhalte, die mit unserem Selbstbild konform gehen.

So werde ich meinem Chef gegenüber vielleicht bewußt Hochachtung empfinden, aber bei meiner Geburtstagsrede »lieber, sehr versehrter…« statt »lieber, sehr verehrter…« sagen. Und hier spiegelt sich nun meine versteckte und vor mir selbst uneingestandene Geringschätzung ihm gegenüber wider.

Achten Sie einmal auf diese sonst eher übergangenen Tagträume, Phantasien, Gedankenblitze, Fehlhandlungen und auf unerwartete Gefühlsnuancen in bestimmten Situationen. Eine ruhig nach innen gerichtete Aufmerksamkeit ist eine günstige Voraussetzung für ihre Bewußtmachung. Sie geben Hinweise auf Ihre wahre psychische Verfassung und auf Ihre wahren Ziele und Motive. Auch wenn dieser Prozeß manchmal schmerzhaft ist, so ist er doch notwendig, wenn Sie das Haus Ihres neuen Verhaltens nicht auf Sand bauen wollen.

Ihr bewußtes Ziel ist vielleicht, sich von Ihrem Ex-Partner, der Sie verlassen hat, zu lösen, Ihr tatsächliches Ziel ist aber, ihn zu verletzen. Oder Ihr Ziel ist vorgeblich, eine schwere Krankheit zu bewältigen, in Wirklichkeit aber wollen Sie all jene Menschen bestrafen, die ein in Ihren Augen leichteres Schicksal haben. Oder Ihr Ziel ist scheinbar, Ihr Kind zu seinem eigenen Wohl gut zu erziehen, aber in Wahrheit haben Sie dabei in erster Linie Ihren Stolz im Blick und das Ziel, es möge so werden wie Sie.

Wie Sie Ihre wahren Ziele finden

> Wirklich ist, was wirkt!
> *Kurt Lewin*

Zunächst sollten Sie einfach alle nur denkbaren Ziele auflisten. In dieser »Produktionsphase« finden Sie Hinweise auf mögliche Therapieziele sozusagen an allen Ecken und Enden. Am besten, Sie legen einen Zeitraum fest, in dem Sie sich ganz besonders auf Hinweise zu Ihren Zielen und Werten konzentrieren. Wenn Sie sich dafür eine Woche vornehmen, so achten Sie in dieser Woche auf alle Hinweise im Hinblick auf Ihre Ziele, die wir schon im Kapitel »Bestimmen Sie das Ziel Ihrer Therapie« erwähnt haben.

Achten Sie auf starke Gefühle wie Sorgen, Ängste oder Wut. Nehmen Sie auch Ihre Gedanken dabei zur Kenntnis. Am besten machen Sie sich in einer Art Tagebuch gleich darüber Notizen. Beobachten Sie auch Ihr Verhalten: Wofür geben Sie Ihr Geld aus, womit verbringen Sie Ihre (freie) Zeit? Wovon träumen Sie nachts? Welche Filme, Fernsehserien, welche Musik lieben Sie, wer sind Ihre »Idole«? Welche Tagträume, Versprecher oder Fehlleistungen treten in dieser Woche auf?

Insgesamt geht es jetzt darum, in all dem Material Muster, Motive oder »Melodien« zu entdecken, die in Variationen immer wiederkehren. Dasselbe Thema kann – wenn Sie sich an die Betrachtungsweise der Gestaltpsychologie erinnern – in ganz verschiedenen Kontexten mit ganz verschiedenen Elementen auftreten und bedeutet immer mehr als die Summe der beobachtbaren Teile.

Ein Klient bemerkte in seiner »bewußten Woche«, daß er nachts träumte, er sei ein Star. Er verspürte den Wunsch, auf andere Eindruck zu machen, und er wollte bewundert werden. Wenn dies fehlschlug, traten Wut und Zerknirschung auf. Er entdeckte starke Erwartungsängste vor verschiedenen sozialen Situationen, in denen er brillieren wollte. Auch mußte er viel tun, um auf seine »Auftritte« immer gut vorbereitet zu sein und eine gute Figur zu machen. Er ärgerte sich, wenn manche Situationen in seinen Augen schiefgingen und wenig Anlaß zu Bewunderung gaben, sehnte sich aber gleichzeitig danach, einfach mal locker sein zu können. Er suchte menschliche Nähe, Freunde und eine Partnerin. In diesem Beispielfall werden übergreifende Themen und Ziele deutlich – aber auch Zielkonflikte. Es werden sinnvolle Ziele – sein Bedürfnis nach menschlicher Nähe – sichtbar, aber auch bloße Träumereien und Utopien – der Wunsch, ein Star zu sein.

In dieser Phase, in der quasi das Unterste nach oben gewälzt wird, fühlen sich manche Menschen stark aufgewühlt. Wenn Sie dies auch bei sich beobachten, nehmen Sie sich Zeit, damit sich alles wieder ein wenig setzen kann, bevor Sie Ihre Therapie fortsetzen.

Um Ihre ganz persönlichen Ziele zu finden, für die es sich wirklich lohnt, zu arbeiten und zu kämpfen, müssen wir nun das in der letzten Phase gewonnene Material ordnen.

Zunächst gilt es, Ziele, Werte und Utopien voneinander zu

unterscheiden: Als Faustregel, kann man sagen, erkennen Sie Ziele daran, daß sie konkret sind und Handlungsbezüge aufweisen. Ziele wären beispielsweise, besser Tischtennis spielen zu lernen, dem Chef gegenüber weniger unterwürfig zu sein, mehr Leute kennenzulernen. Werte sind demgegenüber eher abstrakte allgemeine Vorstellungen ohne konkreten Handlungscharakter, z. B. Ehrlichkeit oder Fairness. Ein damit zusammenhängendes konkretes Ziel wäre, den Kunden Müller oder Maier künftig nicht mehr übers Ohr zu hauen. Utopien sind Ziele und Werte, deren Realisierung in absehbarer Zeit vermutlich unmöglich ist. Den Frieden auf Erden zu schaffen oder eine völlig saubere Umwelt, die ewige Liebe in einer Partnerschaft zu erreichen oder die ewige Glückseligkeit oder immerwährende Gesundheit – all das sind Utopien.

Auf der gegenwärtigen Stufe des Therapieprozesses geht es darum, Ziele auszumachen, die persönlich relevant sind, aber auch konkret, verhaltensnah, in kleine Schritte unterteilbar und selbstinitiierbar, Ziele also, deren Erreichung auch wirklich in Ihrer Hand liegt und die nicht von Umständen oder von anderen Menschen abhängen. Alle Erkenntnisse, die Sie in den bisherigen Phasen Ihrer Therapie gewonnen haben, gehen als Ausgangsbasis in Ihre jetzigen Überlegungen mit ein. Wir suchen also ein realistisches Ziel für Ihre geplante »Reise«, die an Ihrem gegenwärtigen »Aufenthaltsort« oder Ist-Zustand beginnt.

Die Griechen – so habe ich einmal gelesen – hatten kein Wort für »Glück«. Sie umschrieben es mit dem Begriff »das gute Fließen«. Die modernen Glücksforscher sprechen ebenfalls von »Flow-Erlebnissen«. Und für uns geht es nun darum, konkrete Ziele zu finden, die dieses »gute Fließen« Ihres Lebens ermöglichen und dazu führen, daß Sie sich selbst weniger im Weg stehen.

Zu diesem Zweck ordnen Sie Ihr Material noch ein wenig weiter und strukturieren es stärker. Ein Ordnungskriterium ist zunächst die persönliche Relevanz des jeweiligen Zieles. Weiterhin geht es darum, übergeordnete von untergeordneten Zielen zu unterscheiden, Nahziele von Fernzielen, einfache von kom-

plexen Zielen und abstrakte von konkreten Zielen. Am besten,
Sie schreiben sich alle in der letzten Therapiephase herausgefun-
denen Ziele einzeln auf kleine Zettel oder Kärtchen, so daß Sie
diese auf einem großen Tisch anordnen können. Spielen Sie
ruhig ein wenig mit Ihren Zielkärtchen. Sie werden dann Zusammenhänge und Prioritäten erkennen. Und es ergeben sich
Bereiche, die zusammengehören. Es entsteht dann ein Bild wie
etwa das folgende:

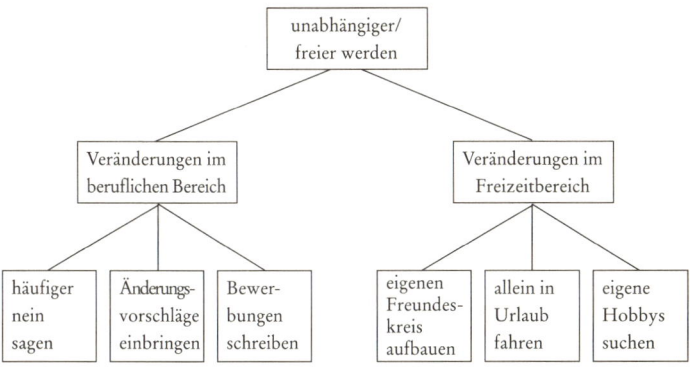

Abb. 5: Zielplanung mit Zielkärtchen (in Anlehnung an Kanfer, Reinecker
und Schmelzer 1991)

Natürlich kann eine solche Ausdifferenzierung noch viel komplexer sein und mehr Ebenen enthalten. Sie soll eben ganz so
werden, wie es Ihnen und Ihrer Denkweise entspricht. Wichtig
ist, daß sie Teilziele, Prioritäten und Zusammenhänge verdeutlicht. Auf der untersten Ebene sollen Ziele mit konkreten Hand-
lungsbezügen angesiedelt sein – sonst stehen Sie in Gefahr, vom
Boden abzuheben und dem Utopie-Syndrom anheimzufallen.
    Wenn Sie merken, daß die Ziele, die Sie bisher formuliert
haben, sich nur schwer in eine Struktur wie obige einfügen lassen, dann ist es notwendig, daß Sie bisher vage formulierte Ziele
konkreter beschreiben. Dabei können Sie wie bei der Verhal-

tensanalyse auf die drei Ebenen des Verhaltens zurückgreifen: Körperreaktionen, beobachtbares Verhalten, Gedanken und – gemäß Albert Ellis' ABC-Analyse – Gefühle. Dabei entsteht eine Zielaussage wie etwa folgende: »Ich will meinem Partner mit lauter Stimme, ohne Schuldgefühle und nervliche Erregung sagen, daß ich den Tag ohne ihn verbringen will, und mir dabei denken, daß diese Forderung vollkommen gerechtfertigt ist!«

Vielleicht hilft es Ihnen auch, darüber nachzudenken, ob ein Ziel möglicherweise in noch mehr konkrete Teilschritte zerlegbar ist? Auch sollten Sie prüfen, ob Sie Ziele so formulieren können, daß Sie Ihre Stärken, Ressourcen und Kenntnisse zur Zielerreichung nutzen können. Wie in der Wissenschaft hängt die Lösung eines Problems häufig davon ab, wie die Frage formuliert ist. Und so ist es auch bei der Zielbestimmung!

Zum Schluß geht es darum, die Ziele auszusortieren, die Sie wirklich erreichen wollen – die also relevant sind, die realisierbar erscheinen und die vertretbar sind. Es spielen also auch Ihre Normen und Werte eine Rolle. Als vertretbare Ziele sind alle grundsätzlich lebensbejahenden Ziele akzeptabel. Sobald das eigene Leben oder das Leben anderer gefährdet oder verletzt wird, sind ethisch-moralische Normen überschritten. Realistisch sind ersehnte Ziele vor allem dann, wenn die Stärken einer Person zu ihrer Erreichung genutzt werden können: Wissen, Können, Geld, Beziehungen und alle möglichen anderen Stärken oder Ressourcen kommen hier in Frage.

Lassen Sie sich ruhig Zeit bei der Erstellung und Ausdifferenzierung Ihrer Zielplanung, und versuchen Sie sich immer wieder in den angestrebten Zustand hineinzuversetzen – in Gedanken, mit Ihren Gefühlen, mit allen Sinnen. Am besten, Sie schließen dabei die Augen und malen sich die angestrebte Wirklichkeit in allen Details aus. Prüfen Sie so Ihre Zielkonzepte nicht allein mit dem Kopf, sondern auch gleichsam mit dem »Bauch«!

Je mehr es Ihnen gelingt, sich in Ihre Ziele »einzufühlen«, desto besser ist Ihre Planung und desto besser stehen die Chancen, daß Sie Ihre Ziele auch erreichen. Ein Ziel, das Sie fühlen können, ist bereits ein Stück Wirklichkeit im Sinne Kurt Lewins, der sagte: »Wirklich ist, was wirkt!«

Am Ende Ihrer »Reiseplanung« steht die Beantwortung folgender Fragen:

- Will ich tatsächlich alle notwendigen Mühen auf mich nehmen und mein Verhalten zur Erreichung meiner Ziele verändern?
- Oder sollte ich besser meine Ziele ändern? (Schließlich ist ein Problem ja immer eine Ist-Soll-Diskrepanz: Man kann entweder den Ist-Zustand zu ändern versuchen oder das Soll ändern, um die Diskrepanz zwischen beiden zu verringern.)
- Oder will ich sowohl mein Ziel als auch mein Verhalten ändern im Sinne einer gegenseitigen Annäherung? (Das hieße, möglicherweise überhöhte Anforderungen an sich selbst zu verringern und zugleich das Verhalten zu verändern.)
- Oder soll ich im Therapieprozeß noch einmal ein paar Schritte zurückgehen, um mich völlig neu zu orientieren und vielleicht ganz andere Ziele zu suchen?

Bei der Beantwortung dieser Fragen sollten Sie die Hilfe Ihres Therapeuten in Anspruch nehmen. Er wird Ihnen bei ihrer Klärung helfen, und er wird Ihre Antworten ernst nehmen und sie überprüfen: indem er mit Hilfe der »Colombo-Technik« Automatismen auflöst oder mittels des »Sokratischen Disputes« alles genau hinterfragt, konkretisiert und so »controlled processing« fördert. Oder er kann den advocatus diaboli spielen, indem er einen extrem kritischen Standpunkt im Gespräch einnimmt, um zu testen, ob Ihre Entschlüsse auch stabil sind.

Veränderung ist in aller Regel ein sehr schwieriges und zeitraubendes Unterfangen. Kein Mensch kann sich beliebig oft und in beliebig vielen Bereichen ändern! Jede psychische Wandlung hat ihren Preis, und weil dies so ist, sollten Sie sich genau überlegen, welche Aspekte Ihres gegenwärtigen Verhaltens Sie wirklich ändern wollen. So wie in der Evolution die Begrenztheit der Ressourcen einen Selektionsdruck bewirkt und nur die »Fittesten« überleben läßt, dabei jedoch eine ständig verbesserte Anpassung der Lebewesen an ihre Umwelt gewährleistet, so sollte die Begrenztheit der Wandlungsmöglichkeiten eines Menschen dazu führen, daß er zentrale problematische Verhaltensmuster ändert, statt sich mit lediglich »kosmetischen Korrekturen« abzugeben.

Wenn Sie in Ihrer Zieldefinition Verhaltensweisen aufgegriffen haben, für die Sie noch keine Verhaltensanalyse (vgl. »3. Schritt: Die Verhaltensanalyse«) durchgeführt haben, so gehen Sie lieber noch einmal an diesen Punkt des Prozesses zurück und erarbeiten Sie sich die nötigen Basisinformationen, damit Ihre Verhaltensänderungen auch stabil sind. Dies gilt im übrigen für den gesamten Therapieprozeß: Rekursionen sind darin jederzeit möglich, damit Sie den Ablauf immer Ihrer individuellen Situation anpassen können.

5. Schritt: Die Reise

»Wer nicht handelt, wird behandelt!«
Chinesisches Sprichwort

Jetzt endlich, nach all den Vorarbeiten, geht's ans Tun. Und das, obwohl wir die ganze Zeit über **Verhaltens**therapie reden! Doch jetzt wird aus der »grauen Theorie« Wirklichkeit und wird alles bislang Dargestellte relevant, insbesondere was über Motivation und Widerstand gesagt wurde (vgl. »2. Schritt: Wie Sie Ihre Änderungsmotivation steigern können«).

Der Motivationspsychologe Heinz Heckhausen (1980) beschreibt die Vorbereitung und Ausführung einer Handlung als einen Zyklus mit verschiedenen Stadien.

In der ersten Phase dieses Zyklus, dem »Stadium des Wünschens«, geht es darum, seiner Phantasie und seinen Wünschen einmal freien Lauf zu lassen – noch ohne sich Gedanken über konkrete Handlungen zu machen. Da Wünsche für gewöhnlich in reichem Maße vorhanden sind, genügt es oft schon, wenn der Therapeut kleine Anregungen oder Ermutigungen gibt: Neue Träume sollen geträumt, die Möglichkeit des Andersseins soll zunächst einmal spielerisch erwogen werden. Dazu bieten sich Gedanken- und Phantasiespiele an, etwa eine Zeitreise in die eigene nahe Zukunft, oder die Feen-Wunscherfüllung: »Wenn eine Fee Ihre Probleme über Nacht lösen würde, woran würden Sie das am nächsten Morgen merken? Und was würden Sie ohne Ihr Problem anders machen?«

Auf dieses Stadium des bloßen Wünschens folgt das »Stadium des Wählens«. Je nach dem zu erwartenden Aufwand und Nutzen werden realisierbare Ziele von zu aufwendigen oder wenig nutzbringenden geschieden. Bei diesem Schritt ist es wichtig, Informationen bereit zu haben, auf deren Basis die Wahl erfolgen kann: Informationen, die Sie aus den früheren Schritten Ihres Veränderungsprozesses gewonnen haben, Informationen über Ihren angestrebten Zielzustand sowie Informationen über zu erwartende Hindernisse auf dem Weg dorthin. In dieser Phase geht es aber auch darum, aus alten Gewohnheiten auszubrechen und Vermeidungsverhalten zu bewältigen. Entschieden werden muß die Frage, ob der Mut zur Veränderung oder die Angst vor Neuem siegt, ob lieber die aktuelle Situation akzeptiert oder eine persönliche Veränderung erprobt wird.

Der »point of no return« ist in der letzten Phase, dem »Stadium des Wollens«, überschritten. In diesem Stadium befinden wir uns nun! Jetzt geht es nicht mehr darum zu überlegen, ob die gewählte Zielsetzung die richtige ist – jetzt geht es ums konkrete Handeln. Das Tun allein steht im Vordergrund.

Wenn jetzt weiterhin gegrübelt statt gehandelt wird, läuft etwas schief! Denn in der Phase des konkreten Handelns werden alle bisher versteckten Schwierigkeiten offenbar.

Gerade auf dieser letzten Stufe des Veränderungsprozesses treten häufig Widerstände auf, die sich schlicht daran erkennen lassen, daß der Klient nicht tut, was in den Therapiephasen davor als konkret anstehender Schritt besprochen wurde. Falls diese Problematik auch bei Ihnen auftritt, ist es Zeit für eine »Störfallanalyse« (vgl. »Gründe für Widerstand und Stagnation im Veränderungsprozeß«).

Widerstand ist die Kehrseite der Motivationsmedaille. Und es kommt nicht selten vor, daß Klienten alles Vorherige widerspruchslos »über sich ergehen« lassen und erst dann nein sagen, wenn sie direkt vor dem Angstauslöser stehen, mit dem sie sich gleich konfrontieren sollen, oder vor der Situation, in der sie eine Verhaltensänderung realisieren sollen. Selbstverständlich wächst die Angst mit zunehmender Nähe zur Konfrontation. Widerstand kann auch ein Zeichen dafür sein, daß bedeutsame Veränderungen bevorstehen. Auch dieses Phänomen ist nicht so selten: Beinahe jeder Verhaltensänderung geht ein Kampf mit sich und/oder dem Therapeuten voraus. Erkennen Sie Ihren Widerstand, und versuchen Sie seine Ursache und Funktion zu verstehen!

Machen Sie sich keine Vorwürfe, wenn nicht alles gleich wie am Schnürchen klappt. Wie in der Wissenschaft erfahren wir nämlich mehr über unseren Gegenstand, wenn unsere Vorhersagen nicht eintreffen, als wenn immer das passiert, was wir vorher schon dachten. Lernen Sie aus Ihrem Widerstand, wieviel Anforderung Sie vertragen und wieviel Stütze Sie brauchen. Wollen Sie vielleicht zuvor noch irgend etwas wissen? Fehlen Ihnen noch Fertigkeiten, die Sie zu Ihrem neuen Verhalten benötigen?

Generell sollten Sie nach dem Prinzip der ergebnisabhängigen Optimierung Ihren Widerstand zunächst als eine Information betrachten, die möglicherweise ein verändertes Vorgehen erforderlich macht: daß Sie ein paar Schritte im Therapieprozeß zurückgehen und die Planung einzelner Veränderungsschritte ändern oder daß Sie weitere diagnostische Beobachtungen einholen oder daß Sie Ihre Ziele neu überdenken. Oder aber Sie entschließen sich zuletzt, doch so zu bleiben, wie Sie sind. Auch diese Entscheidung ist ein Therapieerfolg, da Sie dann ja nicht mehr »zwischen den Stühlen« sitzen, sondern sich selbst und Ihre Lage bejahen.

Wie auch immer: Irgendwann müssen Sie etwas tun, wenn Sie Ihre Ist-Situation einem Soll-Zustand annähern wollen. Notwendig dazu ist eine gehörige Portion Frustrationstoleranz. »No pain, no gain!« Wenn Ihre Frustrationstoleranz – Ihre Bereitschaft, vorübergehend Unangenehmes auf sich zu nehmen, um langfristig angenehmer zu leben – zu gering ist, so könnte die Steigerung Ihrer Belastbarkeit durch allmählich schwerer werdende Übungen ein Zwischenziel sein.

Die Planung der Reiseroute

Um Ihre Handlungsschritte zur Bewältigung Ihrer Probleme zu planen, sollten Sie, wie gesagt, auf allen im bisherigen Therapieprozeß erarbeiteten Erkenntnissen aufbauen. Aus Ihrer Verhaltensanalyse wissen Sie eine Menge über Ihr Problemverhalten – Sie erinnern sich an den Blick durch das therapeutische Weitwinkelobjektiv. Sie kennen inzwischen auch sehr genau Ihre Ziele und können einschätzen, welche Fertigkeiten und Ressourcen Sie benötigen, um sie zu erreichen. Ebenso wissen Sie, welche dieser Voraussetzungen Sie schon mitbringen und welche Sie noch erarbeiten müssen.

Bei Ihren Reisevorbereitungen sollten Sie auch an so »banale« Dinge wie ausreichend Zeit und Geld für Ihr Vorhaben denken. Und schließlich sollten Sie überprüfen, ob ethisch-moralische Gründe Sie bei der Umsetzung Ihrer Planung zögern lassen.

Wenn Wissen, Können, Motivation, die allgemeinen Rahmenbedingungen, die Ressourcen und ethischen Aspekte »stimmen«, dann gilt es, eine gute »Passung« hinsichtlich der beteiligten Personen und der geplanten Intervention zu finden. Die Behandlungsmaßnahmen sollten Ihnen einsichtig sein und zusagen. Desgleichen sollte der Therapeut von der Behandlungsstrategie überzeugt sein und sie auch – in »handwerklicher« bzw. »technischer« Hinsicht – sicher handhaben können.

Die Behandlungsmethode sollte auch gemäß der vertikalen Verhaltensanalyse angemessen sein und zu den Zielen und Werten des Klienten passen. Führen Sie sich dennoch vor der Planung Ihrer persönlichen Reiseroute, der Interventionsplanung, noch einmal vor Augen, wie Ihr Selbstbild aussieht, das Sie seit Ihrer Kindheit aufgebaut, wenn auch seitdem vielleicht einige Male verändert haben. Welche Werte sind Ihnen wichtig, nach welchen Regeln handeln Sie, was wäre ein Regelbruch?

Machen Sie sich auch deutlich, wie Sie die Welt bisher gesehen haben, und versuchen Sie zu begreifen, wie diese Einstellungen und Konzepte mit Ihrem Problemverhalten zusammenhängen. Viele der bisher durchgeführten Übungen und viele Ihrer Selbstbeobachtungen werden Ihnen wichtige Hinweise dafür liefern. Haben Sie in kritischen Lebenssituationen Überlebensstrategien erlernt? Wie sehen diese aus?

Welches sind Ihre typischen Verhaltensmuster? Und welche Handlungen vermeiden Sie auffällig? Vielleicht hängen Sie oft bei einem Glas Alkohol Ihren Gedanken über Ihr Leben nach, unternehmen aber wenig oder gar nichts in Richtung einer konkreten Änderung. Oder Sie machen anderen Vorwürfe wegen deren Anspruchshaltung an Sie, sagen aber selten nein. Vielleicht sind Sie mit Ihrem Arbeitsplatz unzufrieden, sehen sich aber nicht nach einer anderen Stelle um. Vielleicht lieben Sie Ihren Partner nicht mehr, können sich aber nicht zu einer Trennung entschließen.

Machen Sie sich aufgrund Ihrer Antworten auf diese Fragen ein lebendiges Bild von Ihren Problemen. Und finden Sie heraus, wie diese mit all den oben genannten Punkten (Selbstbild, Weltbild, Überlebensstrategien, Werten und Zielen) zusammenhängen. Vielleicht erkennen Sie dann, wie Sie in typischen kritischen Situationen eigentlich reagieren müßten, um künftig besser zurechtzukommen und Ihre Bedürfnisse und Wünsche besser zu befriedigen, also welche Verhaltensweisen Sie lernen und welche Sie abbauen müssen. In welcher Hinsicht Ihr Selbstbild, Weltbild und Ihre Überlebensstrategien das Problem aufrechterhalten und deshalb geändert werden müssen, wird Ihnen nun vielleicht ebenfalls deutlich. Danach liegt der Weg, den Sie gehen müssen, klar vor Ihnen, und Sie brauchen ihn »nur noch« zu gehen.

Unterwegs: Der Änderungsprozeß

Leider ist es nicht so leicht, den Weg, den man einmal als den richtigen erkannt hat, auch zu gehen. In Ihrem Kopf ist vielleicht schon alles klar, aber Ihr Gefühl ist wahrscheinlich immer noch das alte. Man spricht in diesem Zusammenhang von der »kognitiv-emotionalen Dissonanz«. Das bedeutet, daß Sie inzwischen zwar im Kopf wissen, wie man die Dinge anders sehen und anpacken kann, um leichter zu leben, daß Ihre Gefühle diesem Wissen aber »hinterherhinken«. Wenn Sie beispielsweise nach dem Gespräch mit Ihrem Therapeuten verstanden haben, daß Sie die ersehnte Achtung und Liebe anderer nicht erlangen, indem Sie es ihnen immer recht machen, so werden Sie bei der Umsetzung dieses neuen Wissens in Handlung dennoch anfangs Angst verspüren. Sie wissen ja, daß früh gelernte Grundeinstellungen emotional sanktioniert sind: Wenn Sie in Ihrem Verhalten davon abweichen, treten starke unangenehme Gefühle auf. Aber bedenken Sie: Es geht hier um die berühmte Wahl zwischen einem Ende mit Schrecken oder einem Schrecken ohne Ende.

Eine besonders geeignete Methode, genauer herauszufinden, wohin der Weg auf der Verhaltensebene, der Gefühlsebene und der Ebene der Körperreaktionen führen soll, ist die Fortführung der ABC-Analyse nach Albert Ellis (vgl. »Das ABC der Gefühle«, S. 127–131). Gleichzeitig stellt diese Methode bereits eine »Behandlung« auf gedanklicher Ebene dar.

Veränderungen beginnen im Kopf:
Die kognitive Umstrukturierung

Die Veränderungsarbeit kann auf verschiedenen Ebenen erfolgen: auf der gedanklichen Ebene, auf der Ebene der Körperreaktionen, auf der Ebene der Gefühle und auf der Ebene des
beobachtbaren Verhaltens. Sinnvollerweise arbeitet man auf der
Ebene, auf der sich die Störung vorwiegend auswirkt. Wenn Sie
also unter Depressionen leiden und Ihr Hauptsymptom ein
Rückzugsverhalten ist, so sollten Sie auf der Verhaltensebene
eine Veränderung anstreben. Wenn Sie ein Angstproblem haben
und vor allem die körperliche, vegetative Erregung im Vordergrund steht, sollten Sie entsprechend auf der körperlichen Ebene
ansetzen, etwa mit Entspannungstechniken.

In jedem Fall aber ist es wichtig, daß an erster Stelle die sogenannte »kognitive Umstrukturierung«, die Veränderung auf der
gedanklichen Ebene, erfolgt, bevor eine Veränderung auf der
Ebene der Gefühle, des Verhaltens und der Körperreaktionen
stattfindet. Ja, die Veränderung auf der Gedankenebene ist fast
eine notwendige Voraussetzung für die Veränderung auf den drei
anderen Ebenen.

Warum? Auf die Wahrnehmung unserer Außenwelt und unserer Innenwelt (Erinnerungen, Gefühle, Körperempfindungen) folgt immer eine gedankliche Bewertung des Erlebten als
positiv, irrelevant oder stressend, etwa als bedrohlich, ärgerlich,
deprimierend. Wenn wir ein Ereignis als stressend bewerten,
dann hängt das Ausmaß unserer Streßreaktion davon ab, wie
wir über das Ereignis nachdenken. Unsere Gedanken bewirken
nämlich unsere Gefühle, Körperreaktionen und Handlungstendenzen. Und dabei spielt es keine Rolle, ob unsere Gedanken
den Tatsachen entsprechen, übertrieben oder untertrieben sind.
Wir fühlen uns analog unseren Einschätzungen. Sind unsere
Einschätzungen übertrieben, so sind auch unsere Gefühls- und
Körperreaktionen übertrieben und deshalb unangemessen und
behindern uns eher, als daß sie hilfreich wären. All diese Reak-

tionen laufen weitgehend automatisiert ab, und wenn sie einmal in Gang sind, haben wir kaum mehr Einfluß darauf. Folglich ist der beste Weg, unsere Gefühls- und Körperreaktionen in Zukunft angemessener zu gestalten, in Zukunft in kritischen Situationen angemessener zu denken.

Vergegenwärtigen wir uns dazu noch einmal das ABC der Gefühle von Albert Ellis: Auslöser an Punkt »A« werden, vermittelt über die Gedanken an Punkt »B«, zu Konsequenzen an Punkt »C«. Bereits an diesem Schema ist erkennbar, daß der Ebene der Gedanken eine besondere Bedeutung vor den Ebenen der Gefühle, der Verhaltensimpulse und der Körperreaktionen zukommt: Eine Änderung auf der Gedankenebene liegt nämlich, im Gegensatz zu den anderen Ebenen, allein in unserer Hand. In den Gedanken – und das erkannte schon Epiktet – besteht allein die Freiheit eines Menschen. Die Gedanken sind entwicklungsgeschichtlich der modernste und damit flexibelste Teil in der Kette der Prozesse, die unser Seelenleben steuern.

Falls Sie die anderen Aspekte Ihres Problems ändern oder zumindest beeinflussen können, so sollten Sie diese Chance selbstverständlich nutzen, um Ihre Ziele leichter zu erreichen. Bei Problemen am Arbeitsplatz kann man etwa die Stelle wechseln und damit Einfluß auf den Punkt »A« nehmen. Oder man kann eine Entspannungstechnik erlernen oder Sport treiben oder die Ernährung umstellen, um die Körperreaktionen an Punkt »C« zu beeinflussen. Diese Herangehensweise funktioniert aber keineswegs bei allen Problemen. Mit Sicherheit funktioniert dagegen eine Veränderung auf der Gedankenebene, weil unsere Gedanken und Grundeinstellungen – und nur sie – immer zu unserer freien Verfügung stehen. Sie können wir geschickt und flexibel den wechselnden Alltagsproblemen gemäß ausrichten, und wir können unsere hot cognitions möglichst vermeiden, da diese immer irrational und unangemessen sind. Und damit üben wir großen Einfluß auf den Punkt »C« des ABCs aus.

Die folgenden Fallbeispiele sollen die dargestellten Zusam-

menhänge noch einmal veranschaulichen. Zunächst das ABC
eines Panikanfalls:

Auslöser »A«:	»Ich habe zwei Tassen starken Kaffee getrunken. Jetzt schlägt mein Herz schneller, und ich beginne zu schwitzen.«
Gedanken »B«:	»O Gott, ich bekomme sicher gleich einen Herzinfarkt! Ich werde sterben – wie entsetzlich! Ich brauche sofort Hilfe!«
Konsequenzen »C«:	Gefühle: Angst, Panik Verhalten: Benachrichtigung des ärztlichen Notdienstes Körperreaktion: vermehrtes Herzklopfen

Auslöser »A«: Der Auslöser wird so beschrieben, wie ein objektiver Beobachter oder eine Fernsehkamera die Situation auch erfassen würde – ohne Wertungen und Interpretationen. In unserem Beispiel ist »A« ein körperlicher Auslöser, nämlich das Herzklopfen. »A« kann aber auch ein Gedanke sein oder ein äußeres Ereignis.

Gedanken »B«: Bei den Gedanken sind vor allem die hot cognitions interessant: also unsere Mußforderungen an uns selbst, an die Welt und an die anderen Menschen. Typische hot cognitions sind außerdem – man nennt sie auch »Derivate«, weil sie von zentralen Mußforderungen abgeleitet sind, die auf einer höheren Ebene im Sinne der vertikalen Verhaltensanalyse stehen – **Katastrophengedanken**, die sich meist in folgenden Vokabeln ausdrücken: »schrecklich«, »katastrophal«, »furchtbar«. Weiterhin typisch sind die **Abwertung** anderer oder der eigenen Person in Bausch und Bogen sowie **Immer- oder Nie-Gedanken**. Sie äußern sich in Sätzen wie: »Ich bin ein Versager.« – »Er ist ein Idiot, ein Monster, ein wertloses Subjekt.« – »Ich werde dies nie und nimmer schaffen.« Und schließlich gehört zu den hot cognitions die **Ich-kann-es-nicht-ertragen-Krankheit** oder – auf englisch – die »I can't stand it-itis«.

Allen hot cognitions liegt nach Meinung von Albert Ellis mindestens eine der drei Mußforderungen zugrunde. Die Mußforderungen an die Welt und an die anderen Menschen entsprechen etwa dem, was die Psychoanalytiker als »Es-Ansprüche« bezeichnen: »Die Welt muß schön und einfach sein, es darf keine Probleme und Enttäuschungen darin geben!« Und: »Die anderen dürfen mich nicht enttäuschen und müssen überhaupt so sein, wie ich sie haben will!« Die Mußforderungen an uns selbst entsprechen dem psychoanalytischen »Über-Ich«: »Ich muß immer und überall schön, klug, souverän und erfolgreich sein. Ich darf nie Probleme haben und muß andere immer beeindrucken!«

Die oben genannten vier weiteren Arten von hot cognitions (Katastrophengedanken, Abwertungen, Immer- oder Nie-Gedanken, Ich-kann-es-nicht-ertragen-Krankheit) sind verhältnismäßig leicht zugänglich: Sie gehen uns in kritischen Situationen durch den Kopf. Doch die zugrundeliegenden Mußforderungen an uns selbst, an die anderen und an die Welt können häufig erst nach einer Analyse mehrerer Situationen erschlossen werden. Dies ist mit ein wenig Übung aber auch nicht schwer: Ermitteln Sie aus Situationen, die bei Ihnen Ärger, Angst oder Depressionen verursachen, den gemeinsamen Nenner, den »roten Faden«, der sich durch all diese Situationen hindurchzieht, und erschließen Sie daraus Ihre Mußforderungen.

Wenn Sie nicht genügend »Bs« oder hot cognitions ausfindig machen können, dann hilft die Methode der »ultimativen Implikation« weiter. Bei dieser Technik fragt der Therapeut – nachdem der Klient ihm die Auslösesituation geschildert hat – immer: »Und was bedeutet das für Sie?« Als Antwort soll der Klient den schlimmstvorstellbaren Verlauf der Situation schildern. Sinn der Übung ist, einen Schritt weiter als üblich zu denken. Damit begibt sich der Klient sozusagen ins »Auge des Sturms« – in dem bekanntlich Windstille herrscht. Bei diesem

Vorgehen werden Ihnen einesteils viele automatisierte irrationale Gedanken bewußt, anderenteils wird Ihnen vielleicht klar, daß die schlimmstmöglichen Folgen gar nicht so furchtbar sind. Dazu ein Beispiel:

> Eine Klientin klagt, daß ihr Mann immer austeilt, aber nicht einstecken kann, daß sie aber Angst hat, verlassen zu werden, falls sie ihren Ärger darüber äußert. Der Therapeut fordert sie auf, sich auszumalen, was schlimmstenfalls passieren würde, wenn sie ihrem Zorn auf den Ehemann einmal freien Lauf ließe:
>
> Klientin: »Nun, er würde schmollen.«
>
> Therapeut: »Wäre das der schlimmstmögliche Fall?«
>
> Klientin: »Nein, es könnte noch schlimmer kommen: Er könnte mich verlassen – aber daran darf ich gar nicht denken ...«
>
> Therapeut: »Warum? Was würde das für Sie bedeuten?«
>
> Klientin: »Das wäre unvorstellbar, schrecklich wäre das ...«
>
> Therapeut: »Woran würden Sie in Ihrem Alltag am deutlichsten merken, daß es schrecklich ist, und was genau würde das für Sie heißen?«
>
> Klientin: »Nun, ich hätte auf einmal sehr viel freie Zeit, müßte seine Sachen nicht mehr waschen und bügeln, müßte nicht mehr zu Hause bleiben, nur weil er mich um sich haben will, obwohl er die ›Sportschau‹ guckt, müßte mich nicht mehr dauernd blöd von ihm anreden lassen, könnte wieder mein Leben zu leben anfangen ...« (Sie gerät während des Redens immer mehr in Fahrt, und die Angst weicht einer lange angestauten Wut.)
>
> Therapeut: »Ah ja, und das würde für Sie also bedeuten, daß es schrecklich und unerträglich ist ...«
>
> Beide lachen.

Konsequenzen »C«: Sie setzen sich immer aus **Gefühl, Verhaltensimpuls** und **Körperreaktion** zusammen. Ein weiteres Beispiel soll dies noch einmal verdeutlichen:

A: Meine Freundin hat mich verlassen.

B: Ich bin ein absoluter Versager und keinen Pfifferling wert! Niemals werde ich es schaffen, eine neue Freundin zu finden. Ich bin eben der geborene Looser!

C: Gefühl: Depression
Verhalten: sozialer Rückzug und Alkoholmißbrauch
Körperreaktion: körperliche »Niedergeschlagenheit«

Bis hierher ist Ihnen das ABC-Schema bereits bekannt. Die Behandlung Ihres Problems auf der gedanklichen Ebene, die kognitive Umstrukturierung, setzt nun an dem von Ihnen erarbeiteten ABC an. Das ABC der Gefühle findet seine Fortsetzung in einem »D« und einem »E«.

Disputation »D«: »D« kann am besten übersetzt werden mit »Durcharbeiten der Bewertungen« oder »Disputation der Bewertungen«. Punkt »D« entspricht der kognitiven Umstrukturierung, also der Veränderungsarbeit auf der gedanklichen Ebene. Das Durcharbeiten der »heißen Gedanken« dient der Veränderung der bisherigen Einstellungen: Ihre irrationalen Gedanken sollen durch rationale ersetzt werden. Genaugenommen geht es dabei darum, daß Sie Ihre Einstellungen dahingehend verändern, daß sie besser zu Ihren Zielen passen. Ihre Ziele haben Sie ja im bisherigen Verlauf des Therapieprozesses bereits erarbeitet, und Sie können sie an Punkt »E« der ABCDE-Sequenz eintragen.

Ergebnis »E«: »E« steht für das »Ergebnis« Ihrer neuen Art zu denken, das Ziel, das in den vorhergehenden Phasen des Therapieprozesses bereits bestimmt wurde. Dieses Ziel soll auf der Ebene der Gefühle, des Verhaltens und der Körperreaktionen formuliert werden (wie bereits an Punkt »C«). Die Definition und Formulierung der Ziele auf den drei Ebenen ist notwendig, weil unsere Gefühle, Verhaltenstendenzen und Körperreaktionen allesamt von unseren Wertungen beeinflußt sind (vgl. »Die vier grundsätzlichen Ansatzpunkte der Therapie seelischer Probleme«). Und aus genau diesem Grund macht ein Ankämpfen gegen die alten selbstschädigenden Einstellungen und Bewertungen auch Sinn: Wenn Sie diese nämlich ändern, so verändern Sie damit auch Ihre Gefühle, Verhaltenstendenzen und Körperreaktionen.

Ein vollständiges ABCDE sieht demnach folgendermaßen aus:

A: Meine Freundin hat mich verlassen.

B: Ich bin ein absoluter Versager und keinen Pfifferling wert! Niemals werde ich es schaffen, eine neue Freundin zu finden. Ich bin eben der geborene Looser!

C: Gefühl: Depression
Verhalten: sozialer Rückzug und Alkoholmißbrauch
Körperreaktion: körperliche »Niedergeschlagenheit«

D: Wie kann ich ein absoluter Versager sein, wenn ich nur in einem einzigen Punkt versagt habe? Was bringt es mir, wenn ich so denke? Gibt es jemanden in meinem bisherigen Leben, der mich so behandelt hat, wie ich es jetzt tue, und dessen »Arbeit« ich gewissermaßen fortsetze? Wenn es irgend etwas gibt, das ich gut mache, kann ich doch strenggenommen kein absoluter Versager sein! Der Wert eines Menschen hängt doch nicht allein von seiner Leistung ab! Da jeder Mensch fehlerhaft ist, muß zwangsläufig jeder mal versagen – also ist meine Selbstabwertung Unsinn! Ob ich jemals wieder eine Freundin finde, kann ich jetzt noch gar nicht wissen! Außerdem habe ich dabei ja ein Wörtchen mitzureden. Und geborene Looser gibt es außer in meinem Kopf gar nicht!

E: Gefühlsziel: »Ich will mich angemessen enttäuscht und traurig fühlen, aber nicht depressiv und voller Selbsthaß sein.«
Verhaltensziel: »Ich will mich trotz der Enttäuschung weiter unter Leute begeben und mit Freunden reden, statt zu grübeln und zu trinken.«
Körperreaktion: In körperlicher Hinsicht wäre das Ziel, die

körperliche Erschöpfung zwar wahrzunehmen, sich davon aber nicht dauerhaft niederdrücken zu lassen, sondern ihr körperliche Aktivität entgegenzusetzen.

Wenn Sie Punkt »D« ohne die Hilfe eines Therapeuten erarbeiten wollen, hier zwei Vorschläge. Damit Ihre Selbstdisputation lebendig und möglichst realistisch ist – gemäß der Forderung der »Problemaktualisierung« in der Therapie –, spielen Sie Ihren Disput wie ein Schauspieler in einem Ein-Personen-Stück: Stellen Sie dazu einen Stuhl für Ihr »altes Ich« auf und einen für Ihr »Wunsch-Ich«. Dann können Sie, während Sie auf dem einen Stuhl Ihre selbstschädigenden Thesen vertreten, von dem anderen Stuhl aus dagegenargumentieren. Am besten so lange und so intensiv und so lebensnah, bis Sie eine Wirkung **fühlen**. Diese emotionale Wirkung ist sozusagen Ihr Kompaß, ob Sie die richtigen Argumente und Einstellungen gefunden haben. Schließlich soll ja das aus dem Disput resultierende Gefühl dem an Punkt »E« angestrebten Gefühl entsprechen.

Oder Sie nehmen einen solchen Selbstdisput auf Tonband auf und hören ihn sich in kritischen Momenten erneut an, um Ihre bisherigen Denkgewohnheiten zu durchbrechen.

Und genau darum geht es im gegenwärtigen Stadium Ihres Therapieprozesses: Erst soll eine Änderung im Kopf erfolgen, und dann sollen die neuen Einstellungen vom Kopf in den »Bauch« gelangen, das heißt von der kontrollierten in die automatische Informationsverarbeitung übergehen.

Der erste und wesentliche Schritt aber ist die Änderung im Kopf. Eine Vorbereitung dafür war sicher die Aufarbeitung Ihres Lebens und Ihrer Problematik in den zurückliegenden Phasen der Therapie, die wahrscheinlich schon einiges in Ihrem Einstellungs- und Wertesystem bewegt hat. Darüber hinaus aber gibt es für die gedankliche Veränderung Strategien, die Ihnen helfen, hilfreiche und rationale Gedanken von selbstschädigenden und irrationalen Gedanken zu unterscheiden und dagegen anzukämpfen.

Vorab: Symptomstreß ade!

Bevor Sie Ihr Problem mittels der kognitiven Umstrukturierung angehen, sollten Sie prüfen, ob Sie neben Ihrem eigentlichen Problem unter Symptomstreß leiden, also darunter, daß Sie sich Vorwürfe machen, daß Sie dieses Problem überhaupt haben. Falls dies der Fall ist – und er ist es fast immer –, sollten Sie auch dazu ein ABC erstellen und als erstes die schädlichen Gedanken dieses $A_2B_2C_2$ in Frage stellen.

In unserem Beispielfall sieht das $A_2B_2C_2$ oder Symptomstreß-ABC folgendermaßen aus:

A_2 (zuvor C_1): Gefühl: Depression
   Verhalten: sozialer Rückzug und Alkoholmißbrauch
   Körperreaktion: körperliche »Niedergeschlagenheit«
B_2: Ich lasse mich völlig gehen, weil meine Freundin mich ver-
   lassen hat! Ich saufe schon wieder zuviel und bin völlig am
   Boden! Was bin ich doch für ein haltloser Versager! Es ist
   unerträglich, daß es mir schon wieder so schlecht geht und
   daß ich es nicht schaffe, mich hochzurappeln.
C_2: Gefühl: noch tiefere Depression
   Verhalten: noch mehr Alkoholmißbrauch
   Körperreaktion: noch mehr körperliche Beschwerden

Wie aus dem zweiten ABC ersichtlich, bewirkt der Symptom-streß eine Verstärkung des problematischen Gefühls, Verhaltens und der Körperbeschwerden. Sie werden also noch depressiver, weil Sie depressiv sind, oder ärgern sich auch noch über Ihre Angst oder leiden noch viel mehr unter der Tatsache, daß Sie überhaupt ein primäres Problem haben.

Arbeiten Sie an diesem zweiten ABC oder Symptomstreß-ABC zuerst, und zwar aus drei guten Gründen:

Erstens leiden Menschen in aller Regel häufiger, intensiver und langanhaltender an ihrem Symptomstreß, als an ihrem womöglich nur sehr selten auftretenden Primär- oder Grundproblem. Mit anderen Worten: Das Folgeproblem ist dann das eigentliche Problem.

Zweitens wirkt sich das Folgeproblem als aufrechterhaltender Faktor auf das Primärproblem aus: Wenn Sie darüber in Depression geraten, daß Sie manchmal depressiv auf äußere Ereignisse reagieren, rauben Sie sich viel Kraft, die Sie zur Bewältigung Ihres Primärproblems besser gebrauchen könnten. Ein Beispiel: Der Symptomstreß entspricht dem Ärger, den Sie empfinden, wenn Sie eine Autopanne haben, die für Sie eine unangenehme Verzögerung der Reise bedeutet. Solange Sie aber wütend darüber sind, sind Sie kaum in der Lage, dafür zu sorgen, daß der Schaden behoben wird. Sobald Sie aber einmal die Tatsache der Panne akzeptiert haben, fällt es Ihnen viel leichter, vernünftige Schritte zur Problemlösung zu unternehmen.

Drittens ist der Symptomstreß ein in Ihrem Kopf gemachter, also ein hausgemachter Streß: Im Gegensatz zum Primärproblem, bei dem ja oft ein äußerer Auslöser vorliegt, kommt der Auslöser diesmal aus Ihnen selbst. Und damit liegt es auch allein in Ihrer Hand, dieses selbstgemachte Problem zu lösen! Was Ihnen sicher leichter gelingt als beim Primärproblem, so daß dieses Erfolgserlebnis Ihnen auch das Herangehen an Ihr eigentliches Problem erleichtert.

Strategien für die Veränderung im Kopf und im »Bauch«

Wenn Sie sich nun der Veränderung Ihres eigentlichen Problems zuwenden, beginnen Sie auf der Ebene der Gedanken, und zwar mittels der kognitiven Umstrukturierung. Wie läßt sich diese Änderungsmethode nun anwenden? Schließlich sind Menschen ja keine Computer, deren »Programm« man »mal eben so« verändern kann. Aber da Menschen – im Gegensatz zu Computern – einsichtsfähige Wesen sind, geht es zunächst einmal um Einsicht:

1. die **Einsicht**, daß manche unserer bisherigen Gedanken uns selbst und der Erreichung unserer Lebensziele schaden,
2. die **Einsicht**, daß unsere bisherigen irrationalen Gedanken unlogisch sind oder mit der Realität, die wir erleben, nicht in Einklang zu bringen sind.

Einsicht geschieht auf der kognitiven oder gedanklichen Ebene. Dieser Vorgang im Kopf ist aber – wenn auch ein Fortschritt – erst die »halbe Miete«.

3. Bei einer Verhaltensänderung geht es auch darum, daß wir in unserem konkreten Handeln die **Erfahrung** machen, daß unsere irrationalen Befürchtungen und Erwartungen gar nicht eintreffen. Dieser zweite Punkt ist notwendig, damit die Einsicht auch erlebt und gefühlt werden kann, daß sie nicht nur im Kopf, sondern auch »im Bauch« gemacht wird. Denn dies ist letztendlich das Ziel all unserer Bemühungen.

Diesen genannten drei Punkten entsprechen Techniken, mit denen Sie Ihre irrationalen Überzeugungen erkennen, in Frage stellen und bekämpfen können. Dies geschieht in der Ihnen bereits bekannten Form der Disputation Ihrer alten Einstellungen und Bewertungen.

Im Zuge der Disputationsprozeduren geht es darum, Ihre übertriebenen, unlogischen, unrealistischen und selbstschädigenden **Mußforderungen** in Richtung angemessener, logisch und empirisch korrekter und für Ihre Zielerreichung langfristig hilfreicher **Wünsche** zu verändern. Diese angemessenen Gedanken führen auch zu angemessenen Gefühlen, die uns bei der Realitätsbewältigung helfen.

Disputationen können Sie im Dialog mit Ihrem Therapeuten wie auch im inneren Monolog führen. Dies kann in verschiedenen Stilen geschehen. Man kann wie Sokrates oder Colombo so lange (scheinbar) naiv, aber konsequent nachfragen, bis Widersprüche deutlich zutage treten. Dies ist der »sokratische Stil«.

Sokrates sprach in diesem Zusammenhang von »Hebammen-technik«, weil er so neuen Einsichten zur Geburt verhelfen konnte. Man kann aber auch im »humorvollen Stil« mit Heiterkeit und einem Schuß (Selbst-)Ironie gegen die falschen Überzeugungen angehen. Dies gelingt besonders gut, wenn die irrationalen Annahmen sogar noch übersteigert werden: »Genau! Du hast völlig recht. Du müßtest dich eigentlich sofort begraben lassen, denn ein Leben kann gar keinen Sinn mehr haben, wenn man eine Prüfung nicht schafft oder von der Freundin verlassen wird. Es gibt kein einziges gutes Haar an dir, und wenn dir einer erzählt, daß er auch durchgefallen ist oder verlassen worden ist und daß er heute noch lebt und sogar wieder glücklich ist, dann weißt du, daß er ein Lügner ist!« Oder man kann im »didaktischen Stil« versuchen, den Unsinn der irrationalen Gedanken zu erklären. Alle der im folgenden dargestellten Disputationsarten können in einem dieser Stile erfolgen.

Die Technik, die sich zur Abklärung des ersten Punkts – der Einsicht, daß manche unserer bisherigen Gedanken uns selbst und der Erreichung unserer Lebensziele schaden – eignet, nennt man den »hedonistischen Disput«. Der Begriff geht auf die antike Philosophenschule der Hedonisten zurück, für die die Maximierung des Wohlbefindens und die Vermeidung von Leid oberstes Lebensziel war.

Beim **hedonistischen Disput** spricht der Therapeut mit Ihnen über Ihre Gedanken bzw. über Ihre hot cognitions in einer Weise, daß Ihnen klar wird, welche Ihrer Gedanken Ihnen helfen, Ihre Ziele zu erreichen, und welche dabei eher schaden.

Wenn Sie einen Selbstdisput führen, dann sprechen Sie in Gedanken mit sich selbst darüber, ob Sätze wie »Ich bin ein Versager« oder »Ich werde die Prüfung nie schaffen« u. ä. Ihrer Zielerreichung dienen. Dabei stellt sich nämlich heraus, daß Ihre typischen hot cognitions Ihnen und Ihren Plänen eindeutig schaden. Denken Sie aber ruhig einmal zu Ende, was passiert und wohin Sie kommen, wenn Sie weiterhin so mit sich umgehen. Vielleicht helfen Ihnen auch diese Überlegungen: »Würde ich so, wie ich in

Gedanken mit mir selbst spreche, mit einem guten Freund reden, wenn ich es gut mit ihm meine und ihm helfen will?« – »Wie würde es sich auf einen anderen auswirken, wenn ich ihn so behandeln würde, wie ich mich selbst mit meinen hot cognitions behandle?« Auf diese Art wird Ihnen wie Schuppen von den Augen fallen, was Sie da bisher mit sich gemacht haben!

Um den Punkt, ob eine Einstellung unlogisch oder inkonsistent mit der Realität ist, zu beleuchten, eignen sich der »empirische« und der »logische Disput«.

Beim **logischen Disput** fragt Ihr Therapeut Sie bzw. fragen Sie sich, ob Ihre Gedanken auch logisch sind. Wenn Sie etwa denken: »Weil ich diese Frau geliebt habe und sie mich verlassen hat, bedeutet dies, daß ich nie wieder eine Frau finde, die ich liebe«, so entspricht dieser Schluß zwar Ihrem Gefühl von Hoffnungslosigkeit und Depression, aber er ist sicher nicht logisch. Wir Menschen haben jedoch die Tendenz, unseren Gefühlen soviel Realität beizumessen wie Beweisen. Im logischen Disput erkennen Sie hingegen, daß Ihre Gefühle nicht als logische Beweise taugen. Und Sie sehen ein, daß Sie künftig der Versuchung, Ihren Gefühlen Beweischarakter zu verleihen, widerstehen müssen, um weitere Selbstschädigungen zu vermeiden.

Wenn ich Angst vor Spinnen habe, so beweist dies noch lange nicht, daß Spinnen auch gefährlich sind. Wenn ich angstfrei Auto fahre, ohne mich anzuschnallen, oder angstfrei Zigaretten rauche, so beweist das noch lange nicht, daß dies auch ungefährlich ist. Schließlich haben wir zum Denken und Urteilen unseren Kopf. Unsere Gefühle sind zwar Realität, aber Folge unserer Einstellungen. Und sind die Einstellungen selbstschädigend oder irrational oder schlicht unlogisch, so resultieren daraus unangemessene Gefühle, die uns nicht mehr helfen können, mit der Realität klarzukommen.

Beim **empirischen Disput** stellt Ihr Therapeut bzw. stellen Sie an Ihre Gedanken die Frage, ob sie mit der erfahrbaren Realität in Einklang stehen. Es gibt Dinge, die zwar logisch schlüssig sind, sich aber erfahrungsgemäß anders verhalten. Wenn Sie vor einer Prüfung denken: »Ich muß mich einfach nur genug zwingen und fordern, dann werde ich die Prüfung schaffen. Je mehr ich mich unter Druck setze, desto besser werde ich abschneiden!«, so klingt das nicht unlogisch, ist aber empirisch, also erfahrungsgemäß, falsch!

Diese Disputationsart deckt u. a. alle falschen Lösungsversuche auf, die nach dem Muster des Mehr-Desselben funktionieren sollen, die Probleme jedoch nur verschlimmern: Menschen, die Angst haben, in sozialen Situationen zu erröten oder zu zittern, oder Männer mit Potenzproblemen verschlimmern ihre Probleme um so mehr, je mehr sie dagegen ankämpfen. Und das, obwohl ihr Versuch, die Problematik mit einem Mehr-Desselben zu lösen, nicht unlogisch ist. Er deckt sich allerdings nicht mit der Empirie. Beim empirischen Disput geht es darum, sich klarzumachen, daß die Dinge keineswegs so sind, wie Sie (gemäß Ihren Mußforderungen) denken, daß sie sein müßten. Wenn es objektiv so wäre, dann wären die Dinge ja so! Es gibt lediglich Gründe dafür, daß es sehr wünschenswert wäre, wenn die Dinge so wären, wie Sie meinen, aber keine Gründe dafür, daß sie so sein müssen.

Wenn Sie denken, »Ich darf diese Krankheit nicht haben« oder »Ich muß diese Prüfung schaffen«, so merken Sie sicher selbst, daß Sie hier einen Wunsch zur Forderung machen. Ebenso, wenn Sie meinen: »Der andere darf … mir doch die Vorfahrt nicht nehmen, … mir die Frau/den Mann nicht ausspannen, … mich nicht beleidigen.« Der empirische Disput zeigt, daß es viele Gründe gibt, daß dies nicht wünschenswert ist, aber schlichtweg keinen Grund, daß die Realität anders sein **muß**, als sie ist, nur weil Sie die Tatsachen nicht wahrhaben wollen.

Beim **emotiven Disput** geht es darum, die Auswirkungen Ihrer Gedanken auf Ihre Gefühle zu erproben und zu erleben, daß Sie bei demselben Auslöser »A« ein anderes »C« spüren. Setzen oder legen Sie sich dazu bequem hin, schließen Sie die Augen und stellen Sie sich die für Ihr Problem typische Auslösesituation vor. (Es muß allerdings die Auslösesituation sein, nicht irgendeine beliebige andere Ausgangssituation.) Machen Sie sich in Gedanken ein Bild davon, und tun Sie dies so intensiv und so lebensnah, bis Sie so fühlen wie in der Realsitutation. Dabei hilft es Ihnen vielleicht, wenn Sie sich zunächst die äußere Umgebung der Auslösesituation – etwa mit ihren typischen Farben, Geräuschen oder Gerüchen – vorstellen.

Wenn Sie auf diese Art Kontakt mit Ihrem Problemgefühl aufgenommen haben, so versuchen Sie, das starke unangenehme Gefühl auf ein erträgliches Maß zu reduzieren. Wenn Ihnen dies gelungen ist, dann kommen Sie wieder zu Ihrem Wachbewußtsein zurück und überlegen Sie, wie Sie dies geschafft haben.

Sie werden entdecken, daß die Auslösesituation zwar dieselbe geblieben ist, daß Sie in Ihren Gedanken aber anders damit umgegangen sind. Vielleicht haben Sie sich vorgestellt – um bei unserem Beispiel zu bleiben – daß die Freundin Sie verlassen hat, daß Sie darüber aber anders dachten: etwa daß es zwar ziemlich schlimm sei, aber noch nicht »aller Tage Abend« bedeute.

Mit Hilfe des emotiven Disputs können Sie hilfreiche Gedanken nicht nur erkennen, sondern sogar »erfühlen«. Sie spüren unmittelbar, ob ein bestimmter Gedanke die Depression, Angst oder den Ärger vergrößert oder verringert. Sie entdecken damit quasi einen inneren Kompaß, der Ihnen den Weg aus Ihrem Problem weist.

Alle diese Arten von Disputationen sollen auch dazu führen, daß Sie sich selbst und die Wirklichkeit bedingungslos so akzeptieren lernen, wie Sie sind bzw. wie sie ist. Akzeptieren heißt nicht, alles an sich bzw. der Welt zu mögen. Akzeptieren heißt, zunächst einmal hinzunehmen, daß Sie so sind, wie Sie sind, bzw. daß die Welt nun einmal so ist, wie sie ist. Die Dinge, die Sie ändern wollen, können Sie auf der Basis dieser akzeptierenden Grundhaltung sehr viel effektiver ändern, als wenn Sie ständig mit sich und der Welt im Clinch liegen. Zum anderen soll über die Disputationen eine möglichst hohe Frustrationstoleranz erreicht werden.

Diese beiden Merkmale – (Selbst-)Akzeptanz und Frustrationstoleranz – sind nach Meinung vieler Psychologen synonym mit psychischer Gesundheit, auf ihnen fußt eine »gesunde« Psyche.

Die letzte Art des Disputs ist der **behaviorale Disput**, also der Disput im Handeln oder durch das Handeln selbst. Der behaviorale Disput muß bei jeder Verhaltensänderung früher oder später erfolgen, wenn es zu einer psychischen Gesundung kommen soll.

Wie bereits erwähnt, muß die neue Einstellung, die Sie in den zuvor dargestellten Disputen erarbeiten, vom Kopf in den »Bauch« gelangen. Dies, die Phase der kognitiv-emotiven Dissonanz, ist die wohl schwierigste und leidvollste Phase der Therapie.

Die automatisierten und kaum bewußten selbstschädigenden und irrationalen Gedanken wurden mit Hilfe der Dispute bewußt gemacht und in kontrollierte Informationsverarbeitung verwandelt. Es wurden rationalere oder angemessenere Alternativen erarbeitet – aber die sind zunächst nur im Kopf. Die Gefühle, Handlungstendenzen und Körperreaktionen sind in kritischen Situationen aber noch immer so schlimm und so leidvoll wie eh und je.

Wie oben erwähnt, sollen die Behandlungstechniken auf den Ebenen ansetzen, auf denen auch die Symptome auftreten – vorausgesetzt, die Veränderung im Kopf, also auf der gedanklichen Ebene, ist bereits erfolgt. (Machen Sie also noch Tage und Wochen weiter mit Ihren Disputationen! Diese wirken nämlich nicht von heute auf morgen, zumal Sie Ihre irrationalen Einstellungen womöglich schon seit Jahren mit sich herumtragen.) Da aber Verhaltenstherapie vor allem auch »Erlebenstherapie« ist, sollen Sie nun auf möglichst vielen Erlebensebenen (und das sind neben Ihren Gedanken Ihre Gefühle, Handlungstendenzen und Körperreaktionen) neue, korrektive Erfahrungen machen. Diese korrektiven Erfahrungen sind die mit Abstand stärksten Mittel, um Verhalten nachhaltig zu verändern.

Nach dem Prinzip der langsamen Annäherung – oder der

»sukzessiven Approximation« – bereiten Sie sich auf den Veränderungsschritt auf der Verhaltensebene vor, indem Sie ihn in Ihrer Vorstellung vorwegnehmen. Dazu begeben Sie sich in eine bequeme Position und stellen sich vor, wie Sie die Problemsituation (»A«) unter Zuhilfenahme von angemessenen, rationalen Gedanken (»B«) meistern und sich dabei der Realsituation angemessen fühlen – also weder toll noch katastrophal (»C«). In Ihrer Vorstellung können Sie ruhig ein wenig mit Ihren Problemgefühlen spielen: Versuchen Sie doch einmal, beispielsweise Ihre Angst, einen Vortrag zu halten, in Ihrer Vorstellung zu vergrößern und dann wieder zu verringern – je nachdem, was Sie in Gedanken zu sich sagen.

Die Übung führt bereits dazu, die neuen, also die angemessenen und rationalen, Gedanken in den »Bauch« zu bekommen, zu automatisieren. Außerdem sind es auf einmal nicht mehr Sie, den Angst, Ärger usw. zum Spielball machen, sondern Sie spielen nun – erstmals vielleicht – mit Ihrer Angst, Ihrem Ärger usw. Dies ist für Ihr Selbstvertrauen und Ihre Zuversicht ein ganz wichtiger Punkt! Sie werden sehen … Schließlich brauchen Sie viel Kraft und viel Mut, wenn Sie das erste Mal entgegen Ihren alten Überzeugungen, entgegen Ihrem falschen Selbstbild, Weltbild und Ihren wenig hilfreichen alten Überlebensstrategien handeln.

So vorbereitet, können Sie es schließlich wagen, auch auf der Verhaltensebene das zu tun, was Sie als zielführend erkannt haben. Sie können beginnen, Ihr Verhaltensdefizit durch konkrete Verhaltensübungen abzubauen. Sie können beginnen, korrektive Erfahrungen in der Realität zu machen. Und so machen Sie Ihre Therapie tatsächlich zu einer Erlebenstherapie. Vielleicht halten Sie nun Ihren Vortrag vor einer hundertköpfigen Zuhörerschaft, sagen Ihrem Partner Ihre Gefühle, Wünsche und Bedürfnisse, sagen nein zu Ihrem Chef, sind endlich konsequenter in der Erziehung Ihrer Kinder oder tun Dinge, die Sie schon lange tun wollten, sich aber bisher nie zu tun getraut haben.

Ein kleiner Reiseführer durch Ihre neuen Erfahrungswelten

Wenn Sie nun also fest entschlossen sind, entgegen Ihren irrationalen, selbstschädigenden Einstellungen zu handeln, hier ein paar Hinweise für Sie. Sie sollen Ihnen helfen, sich in der noch fremden Welt des bislang von Ihnen vermiedenen Erfahrungsbereiches zurechtzufinden. Verständlicherweise haben Sie darin nur wenige Erfahrungen, anders als in den Lebensbereichen, in denen Sie zu Hause sind. Wer bisher etwa immer versucht hat, es anderen recht zu machen, für den ist es verwirrend und fremd, einmal auf seine eigenen Wünsche und Bedürfnisse zu achten, geschweige denn sie durchzusetzen. Wer nie nein sagen konnte – vielleicht nicht einmal den eigenen Kindern Grenzen setzen konnte –, der findet sich anfangs schwer zurecht in Situationen, die entstehen, wenn er anfängt, sich selbst ernster zu nehmen und sich zu behaupten. Wer sich durch beruflichen Aufstieg plötzlich in bisher fremden sozialen Kreisen bewegt, der fühlt sich anfangs leicht wie der Elefant im Porzellanladen.

Zunächst einmal ist es wichtig, daß Sie bei der Auswahl der Handlungen, die Sie neu erlernen oder üben wollen, solche Verhaltensübungen auswählen, die Ihnen wirklich schwerfallen. Wenn ein Mensch Probleme hat, einen Vortrag zu halten, und er übt dies vor seinem Wellensittich als Publikum, so bringt dieses Training vermutlich nichts. Es ist wie im Sport: Auch hier bringt der Versuch, etwa durch Dauerlaufen Körpermuskulatur, Fitness und Ausdauer zu trainieren, nichts, wenn die Belastung zu gering ist. Wenn Sie sich eine Strecke von zehn Metern vornehmen, so erreichen Sie, auch wenn Sie täglich trainieren, nicht das geringste, außer daß Sie Zeit und Energie verschwenden. Nehmen Sie sich dagegen eine Strecke von zehn Kilometern vor, so ist die Gefahr groß, daß Sie sich überfordern. Auch dabei verschwenden Sie Zeit und Energie, ohne den erwünschten Effekt zu erzielen. Und im ungünstigsten Fall verletzen Sie sich auch noch! Der Schwierigkeitsgrad Ihrer Verhaltensübungen sollte wie beim Sport bei etwa achtzig Prozent Ihrer maximalen Belastbarkeit liegen. Dies ist ein Schwierigkeitsgrad, den Sie mit Ihren bisherigen Fertigkeiten noch bewältigen können, der Sie aber bereits richtig fordert.

Sie können den Schwierigkeitsgrad einschätzen anhand einer vorgestellten Skala von 0 bis 100. 0 ist demnach kein Problem für Sie, 100 Ihre derzeitige maximale Belastbarkeit. Weil ein Handeln entgegen bisherigen Grundeinstellungen immer mit unangenehmen Emotionen verbunden ist, wird der Schwierigkeitsgrad am Ausmaß Ihrer Ängste, Schuldgefühle, Depressionen oder allgemeinen Unlustgefühle zu messen sein, die Sie aushalten müssen, um gemäß Ihren neuen Einstellungen zu handeln.

Gehen Sie bei Ihren Übungsaufgaben in kleinen Schritten vor, so daß Sie auch entsprechend viele Erfolgserlebnisse haben. Beginnen Sie bei den achtzig Prozent Ihrer maximalen Belastbarkeit oder auch – zum »Aufwärmen« – darunter und steigern Sie die Anforderungen mit zunehmender Übung.

Neben dem Schwierigkeitsgrad Ihrer Verhaltensübungen ist selbstverständlich auch deren Inhalt entscheidend: Welches Verhalten Sie üben müssen, ergibt sich aus Ihren Vorarbeiten. Wenn Sie sich also Ihre Verhaltensanalyse und Ihre Zielanalyse noch einmal vergegenwärtigen, werden Sie Hinweise genug finden, wie Ihre Übungsaufgaben im einzelnen aussehen sollten. Sie müssen sich eben in den Verhaltensbereich vorwagen, den Sie bisher aufgrund Ihres Einstellungs- oder Wertesystems vermieden haben, der jedoch für die Erreichung Ihrer Lebensziele bedeutsam ist. Wenn Sie also nicht lernen, Ihren Ärger zu äußern und Forderungen zu stellen, obwohl dieses Verhaltensziel mit Ihrer Erziehung vielleicht schwer vereinbar ist, so werden Sie sich weder beruflich noch privat durchsetzen können. Wenn Sie sich nicht trauen, mit einem Vertreter des anderen Geschlechts ein Gespräch zu beginnen, weil Sie dabei Scham und Verlegenheit empfinden, werden Sie wohl nie einen Liebespartner finden.

Bei der Planung Ihrer Übungshandlungen gilt immer der Grundsatz des »primum non nocere«: Dieser lateinische Ausdruck bedeutet, daß man zuerst darauf achten soll, daß man sich und anderen nicht schadet. Beispielsweise sollten Sie Ihre Durchsetzungsfähigkeit vielleicht nicht gleich gegenüber Ihrem Chef erproben. Fehler, die Sie hierbei machen, wären zwar hilfreiche Ergebnisse für Ihr weiteres Lernen – aber in diesem Fall ergäben sich möglicherweise fatale Nebeneffekte für Ihre berufliche Existenz. Also üben Sie vielleicht zuerst besser im Freundeskreis oder im Sportverein.

Überlegen Sie sich bei der Planung Ihrer Übungsaufgaben, was Sie für die Erledigung einer bestimmten Aufgabe können und wissen müssen oder was in der bestimmten Situation, der Sie sich aussetzen, auf Sie zukommt. Dann können Sie die Ausführung schon in Ihrer Phantasie oder in einem Rollenspiel mit einem Freund vorbereiten.

Und bedenken Sie: Wenn es ans konkrete Handeln geht, sollten Sie möglichst nur eine Sache im Kopf haben. Wenn Sie Ihre Bedürfnisse durchsetzen wollen, dann sollten Sie in der entsprechenden Situation nur daran denken, was Sie wollen, und nicht daran, was der andere darüber denken könnte. Ob Ihre Bedürfnisse angemessen sind, können Sie vorher in Gedanken prüfen, in der Situation selbst sollten Sie entschlossen sein. Wenn jemand Sie nach dem Weg zum Bahnhof fragt, während Sie dringend Ihre Straßenbahn erreichen müssen, dann signalisieren Sie ihm nur dann wirksam, daß Sie ihm jetzt nicht helfen können, wenn Sie sich nicht Gedanken darüber machen, wie der sich jetzt wohl fühlt, wenn Sie ihn abblitzen lassen. Ihnen muß klar sein, daß Sie jetzt nur ihm oder sich selbst helfen können – aber nicht beiden, sonst ist Ihre Straßenbahn weg, bevor Sie mit Ihren Überlegungen am Ende sind.

Unentschlossenheit und unklare Planung wirken sich auf der Verhaltensebene vor allem im non- und paraverbalen Bereich aus: An Ihrer Körpersprache und an Ihrem Tonfall merkt man Ihnen die widersprüchlichen Botschaften an, die Sie dann unwillkürlich aussenden. Damit sinkt die Wirksamkeit Ihres Verhaltens. Und im zwischenmenschlichen Bereich – gerade bei der

Selbstdurchsetzung – kommt es auf diese nonverbalen Botschaften ganz zentral an. Deshalb wäre für eine selbstunsichere Person ein gutes Training, sich für eine Übungssituation, in der sie berechtigte Forderungen stellen will, ein bis zwei prägnante Ich-Sätze zurechtzulegen, die sie in der Situation wie eine »Schallplatte mit Sprung« einfach immer wiederholt, und zwar mit der ganzen Bandbreite ihrer körpersprachlichen und stimmlichen Audrucksmöglichkeiten. Sagen Sie beispielsweise zu Ihrem WG-Mitbewohner: »Ich will, daß du den Aschenbecher im Wohnzimmer ausleerst, wenn du ihn benutzt hast. Ich sehe nicht ein, daß ich das weiterhin für dich tue!« Oder sagen Sie zu Ihrem Sohn: »Mich stört deine Musik während meiner Mittagsruhe. Mach sie leiser!« Oder zu Ihrem Kollegen: »Ich mag es nicht, wenn du Witze auf meine Kosten in Anwesenheit des Chefs machst. Ich will, daß du das in Zukunft unterläßt!«

Wiederholen Sie diese beiden Sätze immer wieder mit steigender Intensität von Stimme, Lautstärke und Tonfall. Betonen Sie auch Ihren Körperausdruck: Nähern Sie sich Ihrem Gesprächspartner mehr als sonst üblich, oder deuten Sie mit dem Finger auf ihn, während Sie mit ihm reden. Beginnen Sie sanft und steigern Sie die Intensität Ihres Ausdrucks mit zunehmendem Widerstand Ihres Gegenübers. Finden Sie immer mehr Möglichkeiten, wie Sie Ihre Forderungen wirksam »rüberbringen«. Sie werden sich wundern, wie viele Ihrer Fähigkeiten auf diesem Gebiet bisher brachgelegen sind.

Effektive partnerschaftliche Kommunikation verwirklichen Sie am besten, wenn Sie (1.) zunächst kurz und sachlich die jeweilige Auslösesituation schildern. Dann beschreiben Sie (2.) offen und direkt Ihr Gefühl in der Situation. Und schließlich äußern Sie (3.) Ihren Wunsch oder Appell an den anderen. Bitte prägen Sie sich diese Abfolge ein und üben Sie sie in verschiedenen Kontexten. Einige Beispiele veranschaulichen das: »Wenn du deine Füße auf meinen Tisch legst, ärgere ich mich. Bitte laß das!« – »Wenn du so mit mir redest, bekomme ich Angst vor dir. Hör auf, mir zu drohen!« – »Du hast jetzt schon zweimal mein

Fahrrad genommen, ohne mich zu fragen. Das ärgert mich. Frag bitte in Zukunft!« – »Wenn du dich so verschließt, werde ich traurig. Bitte rede doch mit mir!«

Diese Art zu sprechen ist partnerschaftlich. Sie sagen offen, wie Sie sich fühlen und was Sie wollen und was nicht. Sie machen sich dabei weder kleiner noch größer als der andere. Außerdem sprechen Sie nur von Ihren Gefühlen und Bedürfnissen und werten den anderen und sein Verhalten nicht. Wenn Sie so sprechen, treten Sie niemandem zu nahe und überschreiten keine unzulässigen Grenzen. Aber Sie behaupten sich und setzen Ihre Wünsche und Bedürfnisse durch. Und das ist das Ziel jeder Psychotherapie.

Wenn Ihr Problem nicht die Selbstdurchsetzung, sondern die angemessene Äußerung von Gefühlen ist, dann üben Sie dies etwa so: Formulieren Sie den Inhalt Ihrer Aussagen prägnant und legen Sie die Betonung auf die nonverbalen Elemente Ihrer Botschaft. Wenn ein Freund Sie überraschend besucht, dann sagen Sie »Ich freue mich so, daß du kommst!« mit viel Gefühl in Ihren Worten, sehen ihm dabei in die Augen und nehmen eine offene Körperhaltung ein. Machen Sie Sprechpausen, damit das Gesagte auch ankommen und wirken kann.

Wählen Sie nur Übungsaufgaben, hinter denen Sie auch stehen. Sie sollten nichts tun, was gegen Ihre rationalen und gesunden Grundeinstellungen verstößt. Ihre Wertehierarchie kennen Sie ja aus Ihrer vertikalen Verhaltensanalyse.

Lassen Sie sich von Rückfällen nicht entmutigen! Lernen Sie einfach daraus! Bei Erfolgserlebnissen sollten Sie sich selbst auf die Schulter klopfen oder sich auch großzügig belohnen!

Leider ist es im Rahmen dieses Buchs nicht möglich, alle verhaltenstherapeutischen Techniken auch nur annähernd erschöpfend darzustellen. Es gibt dicke Werke darüber, mit welchen Techniken Verhaltenstherapeuten den Veränderungsprozeß Ihrer Klienten fördern können. Doch die hier dargestellten Techniken sind grundlegende, und Sie erzielen mit ihnen gute Fortschritte.

Am Ende noch einmal für Sie einen Überblick über die einzelnen Schritte bei einer Verhaltensänderung:

- Aus Ihrer individuellen Verhaltensanalyse und aus Ihrer Zielanalyse ermitteln Sie Ihren problematischen Verhaltensbereich, bei dem Sie mit Ihren Veränderungsschritten ansetzen.
- Daraus leiten Sie konkrete Übungsaufgaben ab, die etwa eine subjektive Schwierigkeit von achtzig Prozent aufweisen.
- Üben Sie nach Möglichkeit auf allen Verhaltensebenen: auf der gedanklichen Ebene, auf der Ebene des beobachtbaren Verhaltens, auf der Ebene der Körperreaktionen und auf der Ebene der Gefühle. Und vernachlässigen Sie vor allem die Ebene/die Ebenen nicht, auf denen die Symptome auftreten.
- Verabschieden Sie sich zunächst von Ihrem Symptomstreß.
- Wenden Sie sich dann Ihrem Primärproblem zu. Beginnen Sie bei Ihren irrationalen und selbstschädigenden Gedanken und verändern Sie sie nach der Ellis-Methode mit Hilfe der verschiedenen Disputationen.
- Für Veränderungen auf der Ebene des beobachtbaren Verhaltens müssen Sie selbst geeignete Übungen auswählen. Beachten Sie dabei den Grundsatz des »primum non nocere«.
- Es bleiben noch die körperliche Ebene und die Gefühlsebene, die sich natürlich überschneiden – schließlich spiegelt sich jedes Gefühl in Körperempfindungen wider. Bei der Übung von neuem Verhalten in Realsituationen sind diese Ebenen eigentlich immer mit beteiligt. Für die Gefühls- und Körperebene bieten sich darüber hinaus etwa Entspannungsübungen an, die Sie in Volkshochschulkursen erlernen oder sich mit Hilfe von Büchern selbst erarbeiten können. Auch manche Krankenkassen bieten sehr gutes Übungsmaterial an, das Sie auf Nachfrage erhalten, zum Teil sogar kostenlos.

Wenn Sie wenig Zugang zu Ihren Körperempfindungen haben, dann helfen Ihnen vielleicht die beiden folgenden Übungen:

Übung 1: Entspannen Sie sich und stellen Sie sich vor, Sie heben einen schweren Gegenstand auf. Konzentrieren Sie sich vor allem auf die dabei auftretenden Körperempfindungen: Malen Sie sich aus, wie Ihre Muskeln und Sehnen schmerzen bei dem Versuch, das Gewicht zu heben, wie Ihnen bei der Anstrengung das Blut in den Kopf steigt und Sie tief Luft holen müssen, um Ihre Muskulatur mit mehr Sauerstoff zu versorgen.

Übung 2: Entspannen Sie sich und stellen Sie sich nacheinander verschiedene für Sie bedeutsame Personen aus Ihrem sozialen Umfeld vor. Lassen Sie sich dabei Zeit und achten Sie nur darauf, welche Körperempfindung mit der Vorstellung der jeweiligen Person verbunden ist.

Diese Übungen helfen Ihnen, wieder mehr Zugang zu Ihren verschütteten Empfindungsmöglichkeiten zu gewinnen.

Die emotionale Ebene ist bei Ihren Verhaltensübungen meist automatisch einbezogen, wenn Sie sie wie oben besprochen planen und ausführen. Ein spezielles Emotionstraining ist dann nicht notwendig.

Besonders auf die emotionale Ebene abgestimmt sind Vorstellungsübungen, bei denen Sie sich zunächst problematische Auslösesituationen vorstellen und dann Ihre Bewertung der Situationen gezielt ändern, bis Sie merken, daß dies unterschiedliche Gefühlsintensitäten oder -qualitäten nach sich zieht. Hier spielen Sie ganz bewußt mit Ihren Emotionen und lernen dabei, welche und wie viele Möglichkeiten Sie haben, gefühlsmäßig mit sich und anderen umzugehen. Anschließend können Sie das Gelernte in die Tat umsetzen.

Rollenspiele – handlungsbezogene Übungen überhaupt – mit Freunden oder dem Partner bzw. dem Therapeuten schaffen einen intensiven Gefühlsbezug. Ein weiterer Vorteil ist, daß Sie dabei in unterschiedliche Rollen schlüpfen und so ein Experimentierfeld vor Ihnen liegt, bei dem Sie sonst schwer zugängliche Erfahrungen sammeln. Lassen Sie sich auf die Rollenspiele so intensiv wie möglich ein. Sie sollen für ein paar Minuten glauben, daß Sie wirklich in der jeweiligen Rolle leben.

Dazu fällt mir eine Geschichte von Janosch ein, die ich einmal meinem Sohn vorgelesen habe: Ein Junge findet auf dem Dachboden einen alten Hut und glaubt, der Hut sei eine Tarnkappe, er sei also unsichtbar, wenn er ihn trage. Als er auf der Straße prompt von einem Hund und dem mürrischen Postboten ignoriert wird, ist er überzeugt, unsichtbar zu sein. Also geht er zum ersten Mal in seinem Leben mutig und stolz zum Haus eines stärkeren und bisher von ihm gefürchteten älteren Jungen und sagt ihm offen die Meinung. Dies gelingt ihm im Glauben an den Schutz der Tarnkappe. Erst als offenbar wird, daß der andere ihn doch sehen kann, wie er dasteht mit seinem alten Hut, kommt die Angst wieder... Aber einmal hat er nun erlebt, wie es ist, angstfrei zu sagen, was er denkt.

Und so überzeugt wie dieser Junge sollen Sie Ihre Rollenspiele durchführen.

Warum nicht bleiben, wenn es Ihnen am Ziel Ihrer Reise gefällt?

Wenn Sie bei Ihren Übungen Fortschritte machen und sich auch insgesamt besser fühlen, dann werden Sie wollen, daß das Erreichte Bestand hat. Haben Sie es beispielsweise erstmals geschafft, sich gegenüber ungerechtfertigten Ansprüchen anderer zu verweigern und deutlich nein zu sagen, so ist das ein erster Schritt. Aber wenn Sie nicht dranbleiben, dann ist dieses Betreten eines neuen Verhaltensterrains nicht mehr als ein kurzer Ausflug.

Weiter oben haben wir bereits die Analogie zum sportlichen Training hergestellt. Führen wir sie nun einfach weiter. Wenn Sie am Montag ein Lauftraining über fünf Kilometer beginnen, dann ist Ihre Muskulatur hinterher ein paar Stunden lang erschöpft. In dieser Zeit werden Sie körperlich weniger leisten als vor dem Training, und Sie werden vielleicht sogar einen Muskelkater bekommen. Sie sind vorübergehend also schwächer geworden statt stärker! Etwa zwei bis drei Tage später werden Sie aber merken, daß Sie die fünf Kilometer viel leichter bewältigen als beim letzten Trainingsdurchgang. Sie befinden sich nun in der sogenannten »Hyperkompensationsphase« und bauen bei Ihrem erneuten Training auf einem höheren Leistungsniveau auf als beim ersten Mal. Wenn Sie jetzt Ihre fünf Kilometer laufen und zwei bis drei Tage später wieder, dann wird Ihre Muskulatur kontinuierlich stärker. Von Ihrer Ausdauer ganz zu schweigen...

Lassen Sie aber zwischen zwei Trainingsdurchgängen eine Woche vergehen oder nehmen Sie sich nur einen Kilometer vor, so stellt sich überhaupt kein Effekt ein – außer daß Sie Zeit und Energie verschwendet haben und wahrscheinlich bald enttäuscht aufgeben werden. Trainieren Sie dagegen schon am nächsten Tag wieder, solange Sie sich eigentlich noch in der Erholungsphase befinden, oder nehmen Sie sich eine Strecke von zehn Kilometern vor, so überlasten Sie sich und schwächen Ihre Muskulatur. Ein Zuviel und Zuoft wie auch ein Zuwenig und Zuselten bringen nicht den gewünschen Erfolg mit sich. Bei zu langen Pausen zwischen den Belastungen tritt immer wieder die Rückregulation zum Ausgangsniveau ein, während zu häufiges Training – Übertraining – schwächt, statt zu kräftigen. Allein ein auf Sie abgestimmtes Training in den richtigen Zeitintervallen führt zu Leistungssteigerung.

Genauso ist es bei Verhaltensänderungen. Wenn ich Angst davor habe, Vorträge zu halten, und mich deshalb nur einmal im Jahr dieser Situation aussetze, so bringt das so gut wie nichts. Menschliches Verhalten ist eingebunden in sehr komplexe Systeme. Lenkt man ein System aus, so erzeugt man für gewöhnlich Gegenkräfte, die eigentlich für die Stabilität des Systems sorgen sollen. Wären diese Gegenkräfte nicht vorhanden, könnten wir nie ein stabiles Selbst über Jahre und Jahrzehnte hinweg aufrechterhalten. Wären sie unüberwindlich, wären wir völlig unflexibel und bei veränderten Umweltanforderungen sofort zum Scheitern verurteilt. Erfolgreiche Anpassung erfordert wiederholte Anpassungsreize, denen wir uns oft genug und in ausreichender Intensität (ca. 80 Prozent der maximal erträglichen Häufigkeit und Intensität) aussetzen sollten. Ebenso notwendig sind Erholungsphasen, damit Anpassungsvorgänge auf allen inneren Systemebenen (der kognitiven, emotionalen, physiologischen, verhaltensmäßigen Ebene), aber auch auf den äußeren (der organisatorischen, sozialen Ebene) stattfinden können. Bedenken Sie, daß sich auch Ihr Umfeld an Ihre Verhaltensveränderungen anpassen muß.

Also üben Sie nicht nur einmal im Monat, nein zu sagen, sondern besser dreimal die Woche. Ein Verhaltenstraining mehrmals pro Woche mag als Faustregel gelten, dennoch müssen Sie Ihren eigenen, individuellen Rhythmus herausfinden. Aber mit ein wenig Aufmerksamkeit und Selbstbeobachtung gelingt Ihnen dies schnell. Erinnern Sie sich an das Prinzip der ergebnisabhängigen Optimierung!

Führen Sie Ihre neuen Verhaltensweisen so oft und so lange aus, bis sie Ihnen in Fleisch und Blut übergegangen sind. Dadurch werden sie um so dauerhafter und stabiler.

Variieren Sie ebenso die Situationen, in denen Sie Ihr neu gelerntes Verhalten zeigen, und variieren Sie auch dessen Umsetzung, um eine immer größere Flexibilität und Virtuosität zu erreichen – wie ein Musiker, der dasselbe Thema in Variationen und Improvisationen intoniert. Wenn Sie sich etwa vorgenommen haben, mehr Forderungen zu stellen, so können Sie dies in unterschiedlichen Kontexten tun: am Arbeitsplatz gegenüber den Kollegen oder dem Chef. Gegenüber Ihrem Partner oder Ihren Kindern, indem Sie ein angemessenes Entgegenkommen einfordern. Legen Sie dabei einmal mehr Gewicht auf Ihre Mimik, dann auf Ihre Körpersprache und dann wiederum auf den Aussagegehalt Ihrer Sätze.

Versuchen Sie ferner, sich anbahnende Problemsituationen

wie ein geübter Autofahrer immer frühzeitiger zu erkennen, so daß Sie sich eher darauf einstellen können.

Üben Sie nach Möglichkeit häufiger in Realsituationen und seltener in Ihrer Vorstellung oder im Rollenspiel. Beziehen Sie mit der Zeit auch immer stärker die signifikanten Personen in Ihrer Umgebung ein. Wenn Sie anfangs das Neinsagen in Schuhgeschäften geübt haben, nachdem die Verkäufer Ihnen mühsam fünf Paar Schuhe herausgesucht haben, so sollten Sie es irgendwann einmal auch Ihrem Vater gegenüber probieren.

Und versuchen Sie ganz zum Schluß, das Wesentliche an Ihrem neuen Verhalten glasklar zu formulieren. Diese Sätze werden für Sie zu neuen, gesunden Regeln werden: »Ich lasse mir von anderen nichts mehr gefallen – und wenn sie sich für noch so wichtig halten!« Oder: »Ich brauche keine Beruhigungsmittel mehr. Ich kann mich selbst beruhigen in einem inneren Monolog.« Oder: »Ich darf ruhig Gefühle und Schwächen zeigen – schließlich ist es nicht so wichtig, was andere darüber denken könnten.«

Und wenn Sie es geschafft haben, sich zu ändern – ganz egal, wie schnell oder langsam Sie das bewerkstelligt haben –, so überdenken Sie noch einmal all die Schritte, die dazu geführt haben. Vielleicht hilft es Ihnen, anhand des Inhaltsverzeichnisses noch einmal Punkt für Punkt durchzugehen. Erinnern Sie die Dinge, die Ihnen bei Ihrem Veränderungsvorhaben besonders geholfen haben, und die Dinge, die Ihnen besonders schwergefallen sind.

Zuerst sich selbst mit allen Fehlern zu akzeptieren, das interessierte und aufmerksame Hinschauen auf die Probleme, die Analyse der Ist-Situation, die Selbstbeobachtung und Selbstobjektivierung, die Zielbestimmung, das Treffen von Entscheidungen, die Ausführung der eigenen Absichten, das Eigenlob und die Freude, die Sie bei der Arbeit an sich erlebt haben – all diese Dinge bilden Ihre Grundausstattung, auf die Sie zurückgreifen können, auch wenn Sie in Zukunft ganz andere Verhaltensaspekte oder Lebensbereiche ändern wollen. Je besser Sie dieses Grundinstrumentarium kennen, desto leichter können

Sie es beim nächsten Mal und bei allen folgenden Malen anwenden.

Zur Stabilisierung Ihres neuen Verhaltens gehört neben den regelmäßigen Übungen und dem allmählichen Verinnerlichen der Methoden auch die Erfolgsbilanz! Verschaffen Sie sich also eine konkrete Vorstellung von Ihrer Zielannäherung. Dazu überlegen Sie sich am besten möglichst objektive und beobachtbare Kriterien, anhand derer Sie Ihre Fortschritte überprüfen können. Die Herzrate oder der Abstand von der phobisch gefürchteten Spinne, gemessen in Metern, könnte ein Maßstab dafür sein, ob Ihre Angst vor Spinnen von Woche zu Woche abnimmt. Auch die Einstufung der Gefühlsintensität auf einer Skala von 0 bis 100 kann als grober Maßstab fungieren.

Wie auch immer Sie es anstellen, wichtig ist jedenfalls, daß Sie einen Überblick über den Verlauf Ihrer Änderungsbemühungen bekommen. Bei der Wahl der Mittel können Sie Ihrer Phantasie freien Lauf lassen: Tagebuchaufzeichnungen, Video- oder Tonbandaufnahmen, Beurteilungen durch andere oder jedes andere Meßinstrumentarium kann Ihnen Aufschluß geben über Ihre Fortschritte oder Rückschritte oder die Stagnation Ihrer Bemühungen.

Denken Sie bei Ihrer Bilanz auch an die Unterscheidung von Mikro- und Makroebene. (Zur Erinnerung: Die Mikroebene ist das isolierte Symptomverhalten, betrachtet durch das therapeutische Teleobjektiv, die Makroebene beinhaltet die allgemeinen Lebensbedingungen, betrachtet durch das therapeutische Weitwinkelobjektiv.) Suchen Sie sich auf der Mikroebene Indikatoren für Veränderungen, die möglichst verhaltensnah und konkret sind und auf derjenigen Ebene (also Denken, Fühlen, Körper, Verhalten) greifen, die für das Problemverhalten am repräsentativsten ist. So sollten Sie bei dem Versuch, sich das Rauchen abzugewöhnen, nicht – zumindest nicht ausschließlich – Ihr subjektives Empfinden entscheiden lassen, sondern die Zahl der gerauchten Zigaretten. Bei dem Versuch, Ihre soziale Kompetenz zu verbessern, sollten Sie auch Rückmeldungen durch andere einbeziehen. Wenn Sie lernen wollen, nein zu sagen, ist sowohl die (objektive) Erfassung der Häufigkeit der Übungen als auch die (subjektive) Intensität der auftretenden Schuldgefühle wichtig.

Registrieren Sie darüber hinaus die Veränderungen auf der Makroebene – also in Ihren Lebensumständen. Führen Sie beispielsweise ein Therapietagebuch, in dem Sie regelmäßig relevante Ereignisse in Partnerschaft, Beruf, Kindererziehung, Freundeskreis aufzeichnen. So ist gewährleistet, daß Ihnen mögliche wichtige Zusammenhänge auch auffallen. Wenn Sie sich etwa vorgenommen haben, Ihre Wünsche und Bedürfnisse häufiger zu äußern und auch durchzusetzen, ist zu erwarten, daß es dazu auch Reaktionen in Ihrer sozialen Umwelt geben wird, die für Sie wichtige Rückmeldungen darstellen.

Bedenken Sie dabei auch, daß es nicht nur quantitative Änderungen erster Ordnung gibt, sondern auch qualitative Änderungen zweiter Ordnung. Achten Sie also einmal darauf, ob Sie – oder Ihre Interaktionspartner – in einer vormals problematischen Situation überraschend neue Gefühle, Gedanken, Körperreaktionen oder Verhaltensweisen zeigen.

Ganz wichtig: Vergessen Sie auf keinen Fall, sich für Ihre Fortschritte zu loben oder sich anderweitig zu belohnen: Gönnen Sie sich etwas Schönes, wenn Sie wieder eine Übungssituation bewältigt haben. Anfangs sollten Sie sich möglichst immer für Ihre Übungen und Lernschritte belohnen – später, wenn das gelernte Verhalten stabiler geworden ist, genügen auch gelegentliche Belohnungen. Je besser Sie werden, desto weniger müssen Sie sich auch selbst belohnen, da es ja bereits eine Belohnung ist, wenn Sie aufgrund Ihres neuen, effektiveren und zielgerichteteren Verhaltens mehr von dem bekommen, was Sie wollen!

Und schließlich geht es in dieser Endphase des Änderungsprozesses auch darum, daß Sie sich von Ihrem Therapeuten lösen. Er hat Sie zwar mit auf den neuen Weg gebracht, aber sobald Sie diesen einigermaßen zielstrebig gehen, müssen Sie lernen, ihn auch allein weiterzugehen.

Abschließende Gedanken

Zum Schluß gratuliere ich Ihnen – und auch Sie sollten sich reichlich Selbstlob gönnen – zu dem, was Sie in den letzten Tagen, Wochen, Monaten in Ihrer Therapie erreicht haben! Sie haben viel gelernt, und Sie haben an Freiheit und Unabhängigkeit gewonnen. Wir sind ohnehin abhängig genug von Körperprozessen und Umweltbedingungen, die wir nicht immer so gestalten können, wie wir möchten. Der einzige von uns frei gestaltbare Einflußfaktor auf unser Erleben und Verhalten ist letztlich unser Bewußtsein, unsere Psyche, unser Selbstregulationssystem oder wie immer man es nennen will: Das macht uns ganz wesentlich aus, das ist unser Ich. Und ich hoffe, Ihr Ich ist – Sie selbst sind – nun stärker und freier geworden und auch glücklicher.

Wenn das Gelernte und Erlebte Sie überzeugt hat, geben Sie Ihre Erfahrungen weiter an Menschen, die Sie mögen, an Menschen, die sich noch jung genug fühlen, um die Weichen für ein zufriedeneres Leben zu stellen, oder an Menschen, von denen Sie glauben, daß sie sich endlich selbst helfen sollten. Vergessen Sie aber nicht sich selbst und lernen Sie weiter. Das Leben ist ein Prozeß, der immer neue Probleme mit sich bringt und immer neue Wandlungen erforderlich macht, wenn Sie glücklich werden und bleiben wollen. Sie können immer wieder auf eine der Stufen des in diesem Buch dargestellten Veränderungsprozesses zurückgehen, weitere Lebensbereiche in Ihre Veränderung einbeziehen und neue Ziele finden.

Zu Beginn habe ich verschiedene Protagonisten aus bekannten literarischen Werken erwähnt. Ich habe sie ausgewählt, weil auch sie Lebenskrisen und Konflikte durchstehen müssen. Von all den dargestellten Personen hat wohl Harry Haller, der Steppenwolf aus Hermann Hesses gleichnamigem Roman, den schwierigsten Charakter – er hat zumindest die meisten Probleme mit sich selbst und der Welt.

Harry Haller hat seine Mitte verloren. Er weiß nicht, wer er ist, und glaubt, er müsse sich selbst finden – statt sich selbst zu *er*finden. (Er weiß auch nicht, daß er sich, ausgerichtet an immer neuen Lebenzielen, wandeln kann, ohne sich dabei zu verlieren – ja, daß er durch diese Wandlung individueller, lebendiger und wesentlich mehr er selbst werden könnte.)

Er hat eine geringe Frustrationstoleranz und will sich umbringen, wenn die Probleme überhand nehmen. Und er sieht nicht, daß er sich die Probleme selbst schafft durch die Art, wie er sich selbst sieht und bewertet. Er will sich nicht akzeptieren und ist voller Selbstvorwürfe. Oft lassen seine inneren Monologe sekundäre ABCs oder Symptomstreß erkennen.

Er nimmt verschiedene Aspekte seiner Persönlichkeit an sich wahr, erliegt aber der irrationalen Forderung, er müsse sich selbst eindeutig als gut oder schlecht bewerten, schwarz oder weiß, Mensch oder Wolf, und dabei alle Seiten seiner selbst unter einen Hut bringen. (Er weiß nicht, daß wir nur unsere Handlungen sinnvoll bewerten können, niemals aber unsere Person als Ganzes – und daß dies auch gar nicht nötig ist.)

Er kann geradezu als Prototyp des neurotisch leidenden Menschen unserer Zeit gelten, und Hermann Hesses Roman stellt einen Heilungsweg vor, von dem im letzten Teil des Romans gleichnishaft berichtet wird. Wie in einem Traum oder Drogenrausch erlebt der Steppenwolf verschiedene Situationen in einem magischen Theater. Diese Erlebniswelten, die er jeweils durch eine der vielen Türen des magischen Theaters betritt, offenbaren symbolisch den Schlüssel zum Gesundungsprozess.

Der psychisch leidende Harry Haller betritt auf der Suche nach Heilung einen der vielen Räume im magischen Theater. Aber lassen wir den Steppenwolf selbst berichten:

»Es empfing mich ein dämmriger stiller Raum, darin saß, ohne Stuhl nach morgenländischer Art, ein Mann auf dem Bo-

den, der hatte vor sich etwas wie ein großes Schachbrett stehen.«
Harry meint, einen Bekannten in dem Mann zu erkennen, und
spricht ihn an, doch: »›Ich bin niemand‹, erklärte er freundlich.
›Wir tragen hier keinen Namen, wir sind hier keine Personen.
Ich bin ein Schachspieler. Wünschen Sie Unterricht über den
Aufbau der Persönlichkeit?‹

›Ja, bitte.‹

›Dann stellen Sie mir freundlichst ein paar Dutzend Ihrer Figuren zur Verfügung.‹

›Meiner Figuren ...?‹

›Die Figuren, in welche Sie Ihre sogenannte Persönlichkeit haben zerfallen sehen. Ohne Figuren kann ich ja nicht spielen.‹

Er hielt mir einen Spiegel vor, wieder sah ich darin die Einheit
meiner Person in viele Ichs zerfallen, ihre Zahl schien noch ge-
wachsen zu sein. Die Figuren waren aber jetzt sehr klein, so groß
etwa wie handliche Schachfiguren, und der Spieler nahm mit
stillen, sichern Fingergriffen einige Dutzend davon und stellte
sie neben dem Schachbrett an den Boden. Eintönig sprach er
dazu wie ein Mann, der eine oft gehaltene Rede oder Lektion
wiederholt:

›Die fehlerhafte und Unglück bringende Auffassung, als sei
ein Mensch eine dauernde Einheit, ist Ihnen bekannt. Es ist
Ihnen auch bekannt, daß der Mensch aus einer Menge von See-
len, aus sehr vielen Ichs besteht. Die scheinbare Einheit der Person in diese vielen Figuren auseinanderzuspalten gilt für verrückt, die Wissenschaft hat dafür den Namen Schizophrenie
erfunden. Die Wissenschaft hat damit insofern recht, als natürlich keine Vielheit ohne Führung, ohne eine gewisse Ordnung
und Gruppierung zu bändigen ist. Unrecht dagegen hat sie
darin, daß sie glaubt, es sei nur eine einmalige, bindende, lebens-
längliche Ordnung der vielen Unter-Ichs möglich. Dieser Irr-
tum der Wissenschaft hat manche unangenehme Folgen, sein
Wert liegt lediglich darin, daß die staatlich angestellten Lehrer
und Erzieher sich ihre Arbeit vereinfachen und das Denken und
Experimentieren erspart sehen. Infolge jenes Irrtums gelten

viele Menschen für »normal«, ja für sozial hochwertig, welche unheilbar verrückt sind, und umgekehrt werden manche für verrückt angesehen, welche Genies sind. Wir ergänzen daher die lückenhafte Seelenlehre der Wissenschaft durch den Begriff, den wir Aufbaukunst nennen. Wir zeigen demjenigen, der das Auseinanderfallen seines Ichs erlebt hat, daß er die Stücke jederzeit in beliebiger Ordnung neu zusammenstellen und daß er damit eine unendliche Mannigfaltigkeit des Lebensspieles erzielen kann. Wie der Dichter aus einer Handvoll Figuren ein Drama schafft, so bauen wir uns aus den Figuren unsres zerlegten Ichs immerzu neue Gruppen mit neuen Spielen und Spannungen, mit ewig neuen Situationen. Sehen Sie!‹

Mit den stillen, klugen Fingern griff er meine Figuren, alle die Greise, Jünglinge, Kinder, Frauen, alle die heitern und traurigen, starken und zarten, flinken und unbeholfenen Figuren, ordnete sie rasch auf seinem Brett zu einem Spiel, in welchem sie alsbald zu Gruppen, Familien, zu Spielen und Kämpfen, zu Freundschaften und Gegnerschaften sich aufbauten, eine Welt im kleinen bildend. Vor meinen entzückten Augen ließ er die belebte und doch wohlgeordnete kleine Welt eine Weile sich bewegen, spielen und kämpfen, Bündnisse schließen und Schlachten schlagen, untereinander werben, heiraten, sich vermehren; es war in der Tat ein vielfiguriges, bewegtes und spannendes Drama.

Dann strich er mit heiterer Gebärde über das Brett, warf alle Figuren sachte um, schob sie auf einen Haufen und baute nachdenklich, ein wählerischer Künstler, aus denselben Figuren ein ganz neues Spiel auf, mit ganz anderen Gruppierungen, Beziehungen und Verflechtungen. Das zweite Spiel war dem ersten verwandt: es war dieselbe Welt, dasselbe Material, aus dem er es aufbaute, aber die Tonart war verändert, das Tempo gewechselt, die Motive anders betont, die Situationen anders gestellt.

Und so baute der kluge Aufbauer aus den Gestalten, deren jede ein Stück meiner selbst war, ein Spiel ums andre auf, alle einander von ferne ähnlich, alle erkennbar als derselben Welt angehörig, derselben Herkunft verpflichtet, dennoch jedes völlig neu.

›Dies ist Lebenskunst‹, sprach er dozierend. ›Sie selbst mögen künftig das Spiel Ihres Lebens beliebig weitergestalten und beleben, verwickeln und bereichern, es liegt in Ihrer Hand. So wie die Verrücktheit, in einem höheren Sinn, der Anfang aller Weisheit ist, so ist Schizophrenie der Anfang aller Kunst, aller Phantasie. Sogar Gelehrte haben dies schon halb erkannt...‹« (Hesse 1974, S. 244f.).

(Hermann Hesse – dies sei zur Vermeidung von Mißverständnissen angemerkt – meint, wenn er von »Schizophrenie« spricht, eine innere Zerrissenheit, wie sie bei jedem von uns auftreten kann. Psychologen würden dasselbe Phänomen als einen neurotischen Konflikt bezeichnen oder einen Verlust der Mitte: das Leiden unserer Zeit. All dies hat nichts zu tun mit der Krankheit Schizophrenie, die durch eine Stoffwechselstörung des Gehirns ausgelöst ist und die nicht mit Hilfe von Psychotherapie oder psychosozialen Einflüssen, wie sie in dem Roman dargestellt sind, geheilt werden kann. Betroffene benötigen medikamentöse Behandlung und können auch nicht mit Hilfe eines Buchs wie des vorliegenden gesund werden.)

Dieser Ausschnitt zeigt, daß Hermann Hesse die Starrheit, Unflexibilität und Enge seiner Zeit weit hinter sich gelassen hat und daß er so manches Prinzip der modernen Psychotherapie bereits als heilsam erkannt und vorweggenommen hat. Hesse hat offenbar viel vom Konstruktivismus vorausgeahnt. Er hat erkannt, daß ein Mensch sich in gewissem Maße selbst zu dem macht, der er ist. Er hat ebenfalls erkannt, daß der Blick zurück, der uns erklären soll, warum wir heute diese und jene Probleme haben, diese Probleme in der Regel nicht lösen kann. Der kausale Ansatz, der in der Zeit der Aufklärung favorisiert wurde, ist einem teleologischen Standpunkt gewichen, bei dem das Ziel wichtiger ist als die Startbedingungen und bei dem der Blick nach vorne gerichtet ist. Und schließlich betont Hesse in der Szene mit dem Schachspieler eher die Ressourcen und Fähigkeiten einer Person – die »Schachfiguren«, mit denen es zu »spielen« gilt – und weniger die Defizite und Probleme. Auch dies findet seine Entsprechung in der heutigen als »positiv« bezeichneten Psychotherapie.

Wie dieser Schachspieler werden Sie vielleicht ein immer virtuoserer »Selbst(er)finder«. Sie werden bemerken oder bereits bemerkt haben, daß Sie sich in diesem »Stirb und werde« keineswegs verlieren, sondern selbst (er)finden und verwirklichen. Die Verhaltenstherapie bietet Ihnen dazu eine Vielzahl von Methoden an, die Sie bei jedem Prozeß der Veränderung immer mehr verinnerlichen werden.

Freilich können Sie nie ganz aus Ihrer Haut und sich in einen völlig anderen Menschen verwandeln, zudem geschieht Veränderung nicht von heute auf morgen. Sie geht sicher nicht so leicht von der Hand, wie es Hesses Schachspieler vorführt. Veränderung – so zeigt die Alltagserfahrung und so hat es Ihnen auch dieses Buch nahegelegt – ist ein mühsamer Prozeß und erbringt oft nur karge Erfolge. Aber wie gering der Erfolg anfangs auch sein mag, jeder Fortschritt ist ein Gewinn. Die erste Sprosse beim Erklimmen einer Leiter ist die wichtigste, und selbst ein langer Weg beginnt mit einem kleinen Schritt. Langfristig werden viele kleine Schritte ein Weg sein hin zu einer großen Wandlung. Außerdem: Sie ändern sich ohnehin, solange Sie leben, ob nun passiv oder aktiv, ungewollt oder gewollt, in die Richtung, die Ihnen die Rahmenbedingungen vorgeben oder die **Sie** wollen.

Die Dinge, die Sie dabei beherrschen müssen und über die Sie sich in diesem Buch informiert haben, sind im Grunde Selbstbeobachtung, deren Umsetzung in verändertes Verhalten sowie die anschließende Beurteilung Ihres Tuns:

- Bei der **Selbstbeobachtung** geht es darum, kritische Ereignisse und Hinweise auf negative Konsequenzen – also auf äußere oder innere Prozesse, die mit Ihren Zielen nicht in Einklang stehen – zu erkennen. Dies können durch Streß verursachte körperliche Veränderungen wie zu hoher Blutdruck oder Schlafprobleme sein, aber auch Verhaltensweisen wie zuviel Rauchen, verstärkte Neigung zu Aggression, Ärger, Depression etc. Achten Sie also im Alltag einmal bewußt darauf, womit es Ihnen nicht gutgeht. Und dann müssen Sie entscheiden, ob Sie gezielt etwas dagegen unternehmen wollen und können.

- Der Versuch der **Umsetzung** kann sich einerseits auf eine Veränderung der Außenwelt beziehen oder andererseits auf ein Arbeiten an den eigenen Bewertungen und Reaktionen. Auch beides ist möglich. Doch in jedem Fall müssen Sie die geplanten Veränderungsschritte auch wirklich umsetzen. Beispielsweise können Sie versuchen, innerlich unabhängiger von den Meinungen anderer zu werden, und gleichzeitig auf Ihre soziale Umgebung einwirken, indem Sie öfter nein sagen.

- Nach der Ausführung von neuen Verhaltensweisen muß die Beurteilung Ihres Tuns nach möglichst objektiven Kriterien erfolgen, wenn Sie nicht blind, also ohne Wahrnehmung der Auswirkungen Ihres Tuns weiter voranschreiten wollen.

Nach einem solchen Zyklus von Veränderungsschritten können Sie nach dem Prinzip der ergebnisabhängigen Optimierung die nächsten Schritte planen und ausführen. Denken Sie immer daran: Sie haben nicht viel zu verlieren bei dem Versuch, sich zu verändern, aber alles zu gewinnen.

Vor Rückschlägen auf Ihrem Weg können Sie sich schützen, wenn Sie auf »Frühwarnsignale« achten. Überlegen Sie in einer ruhigen Stunde, woran Sie einen Rückfall als erstes erkennen, so daß Sie frühzeitig gegensteuern können. Sind Sie besonders gefährdet in unangenehmen Gefühlszuständen wie Streß, Angst, Ärger usw.? Machen Ihnen zwischenmenschliche Konflikte übermäßig viel zu schaffen? Geraten Sie schnell wieder ins alte Fahrwasser, wenn Sie jemand in irgendeiner Form unter Druck setzt?

Überlegen Sie bereits im voraus, was Sie bei Rückfällen, die nie völlig auszuschließen sind, als Bewältigungsversuch unternehmen können. Auch hier gibt es eine Vielzahl von Maßnahmen, mit denen Sie sich selbst, Ihre Einstellungen und Gefühle, ändern können, oder Maßnahmen zur Veränderung Ihrer Außenwelt.

Harry Haller lernt im magischen Theater vor allem, sich so zu akzeptieren, wie er ist, und sich somit nicht länger global abzuwerten und als ganze Person abzulehnen. Dies entspricht einer grundlegenden Haltung in der Verhaltenstherapie: Wir können unsere **Handlungen** als gut oder schlecht bewerten, dürfen aus der Qualität unserer Handlungen aber niemals Rückschlüsse auf die Qualität unserer Person ziehen. Es macht wirklich keinen Sinn zu sagen, ich bin gut oder schlecht, weil ich etwas gut oder schlecht gemacht habe.

Diese Grundhaltung der **Selbstakzeptanz** ist wohl die wichtigste Voraussetzung für psychische Gesundheit. Die zweitwichtigste Grundvoraussetzung für Wohlbefinden und ein zufriedenes Leben ist die **Frustrationstoleranz**: Sie wird deutlich in der »Heilung« von Bastian Balthasar Bux, dem Protagonisten der »unendlichen Geschichte«: Er verzichtet auf den Stein Aurin, ohne den er die Grenze zwischen »Phantasien« und der Realität nicht mehr überschreiten kann, und setzt sich mühsam mit seiner Realität auseinander, anstatt sich weiterhin in seiner Phantasiewelt, in der er alles darf und kann, vor der echten Welt zu verstecken.

Beide Fähigkeiten – die Fähigkeit, sich anzunehmen und zu akzeptieren, selbst wenn man vielleicht nicht alles an sich mag, und die Kraft, Enttäuschungen und Schwierigkeiten auszuhalten, ohne aufzugeben, müssen geübt und langsam gesteigert werden. Wenn diese Fähigkeiten erstarken, werden sie sich zunehmend positiv auf Ihr Leben auswirken.

Wenn auch der Weg zu einem freieren und befriedigenderen Leben nicht leicht ist, seien Sie nicht ängstlich – auch andere haben ihn vor Ihnen geschafft –, und seien Sie versichert, daß er sich lohnt.

Am Ende dieses Buches möchte ich Ihnen eine Geschichte erzählen, die Sie eine Weile auf Ihrem Weg begleiten möge, auch dann noch, wenn Sie das Buch längst weggelegt haben:

Eine Schmetterlingsmutter legte an einem sonnigen Sommertag ihr Ei unter einem Baum ab und wünschte dem sich entwickelnden Schmetterling alles Liebe für den Weg, der vor ihm lag. Bald darauf starb sie, denn das Leben der Schmetterlinge ist noch kürzer als das der Menschen.

Aus dem Ei, das nur einen Millimeter im Durchmesser maß, schlüpfte einige Tage später eine kleine, blinde Raupe. Ihr Lebensinhalt bestand einzig darin, zu fressen und zu wachsen. Als erstes fraß sie die Hülle ihres eigenen Eis. Dann begann sie Geschmack an den Blättern des Baumes zu finden, den ihre Mutter eigens wegen deren Schmackhaftigkeit und Nahrhaftigkeit für sie ausgewählt hatte.

Die blinde Raupe fraß und fraß und legte in dieser Zeit ein Vielfaches ihres Gewichts zu. Sie mußte sich mehrfach häuten, da die alte Haut den mittlerweile stark anwachsenden Körper nicht mehr umfassen konnte. Diese Häutungen waren mühsam und sehr unangenehm für unsere kleine Raupe: Jedesmal mußte sie drei Tage lang regungslos an einer Stelle verharren, bis sich die neue und immer wieder veränderte Haut gebildet hatte. Erst dann konnte sie weiterfressen. So ging das ein paar Wochen.

Dann suchte sich die Raupe eine sichere Stelle in der Umgebung des Baumes, auf dem sie bisher gelebt hatte, und begann am Boden, versteckt in einem Gespinst von Fäden, sich zu einer Puppe zu wandeln. Mehrere Jahre blieb sie nach außen hin eine Puppe, doch in deren Innerem vollzog sich – zunächst kaum merklich, aber stetig – die wunderbare Verwandlung der Raupe zu einem Schmetterling.

An einem Sommertag, kurz vor dem Schlüpfen, schimmerten bereits die schönen bunten Flügel durch die Wände der Puppe. Nur wenige Minuten später schlüpfte der neue Schmetterling. Er kletterte auf einen hohen Ast des Baumes, auf dem er als Raupe beheimatet gewesen war. Mühsam pumpte er Blut und Luft in seine Flügeladern, so daß sich die noch schlaff herabhängenden Flügel in ihrer vollen Pracht entfalteten. Er blickte lange über die Landschaft hinweg, die sich weit vor ihm ausbreitete.

Zum ersten Mal sah er all die Blumen, Bäume, den Fluß und das bergige Hinterland in seiner Umgebung – denn bisher war er ja blind gewesen und hatte den größten Teil seines Daseins unter verwelkten Blättern, abgestorbenen Ästen und Unrat gefristet.

Im gleißenden Sonnenlicht sah er Vögel fliegen, Hummeln brummten an ihm vorüber von Blüte zu Blüte, Fliegen surrten vorbei, und andere Schmetterlinge taumelten über die wunderbare Blumenwiese zu seinen Füßen. Voll Erstaunen blickte er lange Zeit auf diese Pracht und war wie benommen von all dem Großartigen, das sich ihm nun eröffnete.

Er konnte noch nicht ermessen, welche Möglichkeiten diese weite Welt ihm bot. Sich in dieser Welt, deren Größe und Schönheit seine bisherige Vorstellung bei weitem überstieg, frei und an jeden denkbaren Ort bewegen zu können, berauschte und erschreckte ihn zugleich. All die anderen Wesen, die sich um ihn regten und geschäftig ihrer jeweiligen Bestimmung nachgingen, als würden sie einem geheimen Plan folgen, bewegten sich so selbstverständlich in ihrem Element, der Luft, dem Boden, dem Wasser.

Als der Schmetterling nach einer Weile wieder ein wenig zur Besinnung gekommen war, fragte er sich, wie er in diese fremde Welt gekommen war und welche Rolle er darin spielen sollte. Er wußte nicht, wer er war. Seit er denken konnte, war er ein blinder Wurm gewesen, der auf dem Boden herumgekrochen oder reglos in seinem Versteck gelegen war und nicht mehr gehofft hatte, als jeden einzelnen Tag zu überleben.

Andere Tiere wurden allmählich auf den schönen bunten Schmetterling aufmerksam und forderten ihn auf, am Tanz der Tiere an diesem Sonnentag teilzunehmen. »Komm mit uns ins Licht und in die Freiheit!« riefen sie. Andere Schmetterlinge sprachen ihn als »Schmetterling« an und wollten mit ihm gemeinsam in den blauen Himmel fliegen und ihm die ganze Pracht der Landschaft von oben zeigen.

Doch unser Schmetterling klammerte sich um so angespannter und verkrampfter an seinen Ast, je mehr sich die Vorstellung vom Fliegen in ihm ausbreitete. Inmitten all der Pracht dachte er düster: »Ich bin ein Wurm, und ich bin geboren, um auf dem Boden im Schatten und in der Dürre meine Tage zu fristen. Mein Glück ist es, wenn mich keiner auffrißt, und mehr zu hoffen wäre Anmaßung für mich!« Und in seinem Inneren wurde es wieder ganz dunkel und eng. »Diese Enge und Dunkelheit in mir ist nicht so schön wie die Welt, die hier vor mir liegt – aber es ist meine Welt, und ich kenne sie seit meiner Geburt. Wenn ich sie verlasse, gibt es nichts mehr, was mir vertraut ist, und nichts mehr, an dem ich mich festhalten könnte. Allein vom Fliegen zu träumen ist Versuchung und Selbstüberschätzung. Es wird mein Untergang sein!«

Schon wollte der Schmetterling in Todesangst wieder von seinem Ast herabklettern und sich auf dem Boden verstecken, wie er es immer getan hatte, seit er denken konnte. Da schwebte ein anderer Schmetterling im hellen Licht auf ihn zu, sank elegant neben ihm herab und blieb eine Weile still bei ihm sitzen. Dann sagte er: »Glaub mir, du bist ein Geschöpf des Lichts und der Freiheit. Traue den Augen, die du jetzt hast, traue dir selbst und vertraue auf all das Schöne, das du hier siehst. Deine Tage hier auf Erden sind kurz, deshalb nutze sie. Du hast nichts zu verlieren, aber alles zu gewinnen!« Dann schwebte er davon und ließ unseren Schmetterling, zur Freiheit verurteilt, allein auf seinem Ast zurück …

Auch ich verlor ihn aus dem Blick und kann Ihnen deshalb das Ende der Geschichte nicht erzählen.

Literaturverzeichnis

Csikszentmihalyi, Mihaly: Das flow-Erlebnis: Jenseits von Angst und Langeweile: im Tun aufgehen. Stuttgart [2]1987.

Duncker, K.: Zur Psychologie des produktiven Denkens. Berlin 1935.

Ellis, Albert und Burkhard Hoellen: Die rational-emotive Verhaltenstherapie. Reflexionen und Neubestimmungen. München 1997.

Ende, Michael: Die unendliche Geschichte. Stuttgart 1978.

Epiktet: Wege zum glücklichen Handeln. Frankfurt/Main 1997.

Frisch, Max: Der andorranische Jude. In: Gesammelte Werke in zeitlicher Reihenfolge. Band II/2 (1944-1949): Tagebuch 1946-1949. Frankfurt/Main 1976, S. 376f.

Goethe, Johann Wolfgang von: Faust. München 1999.

Grawe, Klaus, Ruth Donati und Friederike Bernauer: Psychotherapie im Wandel. Von der Konfession zur Profession. Göttingen 1994.

Heckhausen, Heinz: Motivation und Handeln. Lehrbuch der Motivationspsychologie. Berlin 1980.

Heine, Heinrich: Gedichte. Frankfurt/Main 1993.

Hesse, Hermann: Der Wüstling. In: Gesammelte Schriften. Fünfter Band. Frankfurt/Main 1957, S. 695.

Hesse, Hermann: Der Steppenwolf. Frankfurt/Main 1974.

Janosch: Kleiner Mann in der Zigarilloschachtel. Köln 1998.

Kafka, Franz: Der Prozess. München 1998.

Kanfer, Frederick H., Hans Reinecker und Dieter Schmelzer: Selbstmanagement-Therapie. Berlin 1991.

Kelly, George Alexander: The psychology of personal constructs. New York 1955. dt.: Die Psychologie der persönlichen Konstrukte. Paderborn 1986.

Klinger, E.: Current concerns and disengagement from incentives. In: Motivation, Intention and Volition. Herausgegeben von Julius Kuhl und Frank Halisch. Berlin 1987, S. 337-347.

Reemtsma, Jan Phillip: Mehr als ein Champion. Reinbek bei Hamburg 1997.

Rogers, Carl R.: Klientenzentrierte Gesprächspsychotherapie. Frankfurt/Main 1978.

Schelp, Theo und Lilly Kemmler: Emotion und Psychotherapie. Bern und Göttingen 1988.

Seligman, Martin E.: Erlernte Hilflosigkeit. Weinheim 1995.

Staemmler, Frank M. und Werner Bock: Ganzheitliche Veränderung in der Gestalttherapie. München 1991.

Sulz, Serge K. D.: Als Sisyphus seinen Stein losließ. München: CIP-Mediendienst 1996.

Sulz, Serge K. D.: Das Verhaltensdiagnostiksystem VDS. München: CIP-Mediendienst [3]1995.

Voltaire: Candide. München 1986.

Zeigarnik, B.: Über das Behalten von erledigten und unerledigten Handlungen. In: Psychologische Forschung 9 (1927).